# *Guia de* ACENTUAÇÃO E PONTUAÇÃO
## EM PORTUGUÊS BRASILEIRO

*Conselho Acadêmico*
Ataliba Teixeira de Castilho
Carlos Eduardo Lins da Silva
Carlos Fico
Jaime Cordeiro
José Luiz Fiorin
Tania Regina de Luca

Proibida a reprodução total ou parcial em qualquer mídia sem a autorização escrita da editora.
Os infratores estão sujeitos às penas da lei.

A Editora não é responsável pelo conteúdo deste livro.
O Autor conhece os fatos narrados, pelos quais é responsável, assim como se responsabiliza pelos juízos emitidos.

---

Consulte nosso catálogo completo e últimos lançamentos em www.editoracontexto.com.br.

Celso Ferrarezi Junior

# Guia de
# ACENTUAÇÃO
# E PONTUAÇÃO
## EM PORTUGUÊS BRASILEIRO

*Copyright* © 2018 do Autor

Todos os direitos desta edição reservados à
Editora Contexto (Editora Pinsky Ltda.)

*Montagem de capa e diagramação*
Gustavo S. Vilas Boas

*Preparação de textos*
Lilian Aquino

*Revisão*
Bruno Rodrigues

Dados Internacionais de Catalogação na Publicação (CIP)
Andreia de Almeida CRB-8/7889

Ferrarezi Junior, Celso
Guia de acentuação e pontuação em português brasileiro /
Celso Ferrarezi Junior. – 1. ed., 6ª reimpressão. –
São Paulo : Contexto, 2025.
128 p.

Bibliografia
ISBN 978-85-520-0033-4

1. Língua portuguesa – Gramática 2. Língua portuguesa –
Acentos e acentuação 3. Pontuação I. Título

17-1830                                          CDD 469.5

Índices para catálogo sistemático:
1. Língua portuguesa – Gramática

2025

EDITORA CONTEXTO
Diretor editorial: *Jaime Pinsky*

Rua Dr. José Elias, 520 – Alto da Lapa
05083-030 – São Paulo – SP
PABX: (11) 3832 5838
contato@editoracontexto.com.br
www.editoracontexto.com.br

*Para todos os alunos que,
como a Janaína Marina de Oliveira,
querem tanto aprender
que acabam nos convencendo
a escrever novos livros.*

# Sumário

Apresentação .................................................................. 9

A escrita e a fala ........................................................... 13
    Os principais tipos de escrita:
    pictografia, logografia e escritas alfabéticas ............ 14

Os tipos de diacríticos presentes
em nossa escrita e seus usos ..................................... 29
    Cedilha ........................................................................ 31
    Acentos: agudo e circunflexo ................................. 32
    Til ................................................................................. 39
    Crase ............................................................................ 40
    Hífen ............................................................................ 42
    Apóstrofo .................................................................... 50
    Sinais de pontuação: a pontuação e a fala .............. 51

Como ensinar acentuação e pontuação ................. 119

Uma prosinha final .................................................... 123

Referências .................................................................. 125

O autor .......................................................................... 127

Sumário

# Apresentação

Os sistemas de escrita das línguas humanas raramente são eficientes e econômicos. Como uma tentativa de representação do pensamento, eles têm pouca relação com a fala, que é muito mais complexa e natural. Assim, as tecnologias de escrita pecam em diversos aspectos. Muitas vezes, são excessivamente complexas (como as escritas ideográficas e as mistas, que vamos conhecer adiante), outras vezes, deixam muito a desejar, como é o caso da escrita alfabética do português.

Para complicar um pouco mais as coisas, além das letras, nosso sistema de escrita contempla um conjunto complexo de outros sinais, os diacríticos, que tentam complementar a escrita de maneira que sejamos capazes de reconstruir um pouco da fala a partir do que está grafado. Bem, na verdade eles só tentam, porque não conseguem fazê-lo exatamente como se espera (aliás, nenhum sistema conhecido de escrita consegue fazê-lo com exatidão). Porém, esse conjunto de outros sinais complica mais ainda a forma de escrever e acaba sendo um obstáculo enorme para que os estudantes escrevam corretamente.

Essa confusão que existe nos sistemas de escrita deixa os estudantes maluquinhos... Mesmo com a existência de corretores ortográficos digitais, a escrita ainda é um bicho de sete cabeças para os alunos, inclusive para os universitários. Primeiro, porque os corretores digitais nem sempre estão à mão. Em provas como o Enem ou concursos públicos, por exemplo, eles estão descartados e só serve mesmo aquilo que se tem guardado na cabeça. Segundo, porque não existe nenhum corretor que seja capaz de ler pensamento e, por isso, nenhum corretor ortográfico dá conta de corrigir tudo o que tem que ser corrigido na escrita.

Aliás, muito mais do que a acentuação, a pontuação parece ser o grande vilão da história. É raríssimo encontrar uma pessoa que domine o uso da vírgula, por exemplo. Principalmente porque a escola brasileira adotou aquela conversa fiada de que a vírgula serve para uma "pausa pequena" ou para uma "respiração pequena" e o ponto-final para uma "pausa grande" ou para uma "respiração grande". Isso é de um absurdo tamanho que só dá mesmo para rir. E é, também, uma forma de desencaminhamento tão eficiente dos alunos que quase todos crescem e avançam nos estudos sem saber pontuar. Quando estão escrevendo, cada vez que param para pensar, colocam uma vírgula no texto: foi uma "pausa pequena"...

Este livro vem ao socorro desses estudantes e professores que precisam compreender melhor esse conjunto expressivo de sinais que são usados para complementar e organizar a escrita. Mais do que a um amontoado de regras, é preciso ter acesso a explicações que permitam compreender a lógica que gerou cada sinal, sua necessidade e seu uso. Especialmente, é preciso aprender a utilizar a pontuação, algo que está bem além da capacidade dos corretores digitais. Por isso, esta obra traz explicações mais longas sobre o processo de aplicação da pontuação, especialmente da pontuação estruturante.

Procuramos, na medida do possível, construí-lo "essencial". Buscamos uma forma objetiva e esclarecedora, apresentando os conteúdos de maneira mais sucinta, porém não de modo simplesmente esquemático. Não queremos mais que nossos estudantes ouçam "é assim porque é assim" sem que sejam capazes de compreender as razões que respaldam os usos desses sinais.

Esperamos que este pequeno guia atenda às principais carências nessa área da escrita e que, assim, seja especialmente útil na formação básica de nossos estudantes. Afinal, todos sabemos que, quanto antes os alunos dominarem a escrita, tanto melhor para eles e para o país. A escrita é o tipo de coisa que, quanto mais tardiamente se aprende, mais espaço para vícios se concede. Ou ensinamos nossos alunos logo nos primeiros anos, ou eles arrastarão por toda a vida suas dificuldades de escrita e a vergonha que essas dificuldades ocasionam nas mais diversas situações.

# A escrita e a fala

A fala é um fenômeno natural para a humanidade. Nascemos aparelhados para aprender qualquer língua natural que nossas sociedades utilizem e não precisamos que nos ensinem a falar. Basta que haja um modelo para ouvir e nossa mente já detecta as estruturas, as regras, as formas fonéticas e fonológicas, enfim, começamos a falar espontaneamente. Não existem línguas mais difíceis ou mais fáceis de falar: isso não passa de um mito ingênuo. Qualquer criança aprende a falar qualquer língua com a mesma facilidade que aprenderia qualquer outra.

Porém, as escritas não são naturais. São formas tecnológicas desenvolvidas há pouco mais de 4 ou 5 mil anos para o registro de nosso pensamento. As escritas (com exceção das escritas fonéticas criadas especialmente para essa finalidade, como veremos a seguir) não são tentativas de representação da fala. Nenhuma delas. Não se escreve como se fala e não se fala como se escreve. Fala e escrita são práticas totalmente distintas que utilizam, inclusive, áreas diferentes de nosso cérebro e de nosso corpo. E essa parece ser a primeira e maior lição a compreender quando começamos a estudar as formas de escrita. Muita besteira tem sido feita nas escolas brasileiras por se achar que há uma relação direta entre a fala e a escrita, quando, na verdade, não há! Aprender a ler é coisa que se faz lendo. Aprender a escrever é coisa que se faz escrevendo. Misturar as coisas cria mais problemas do que soluções.

Enquanto nascemos aparelhados para aprender a falar e para falar, tivemos que criar os sistemas de escrita, seus sinais e regras, os objetos tecnológicos que usamos para escrever (cunhas, canetas de pena, lápis, aparelhos digitais etc.) e os suportes em que escrevemos (tábuas de argila, pergaminhos, tiras de couro, papel, telas digitais etc.). O funcionamento do sistema e o uso desses equipamentos precisam ser aprendidos e dominados da mesma forma que precisamos aprender a tocar piano ou dirigir um automóvel.

Vamos, então, ver como são os principais sistemas de escrita conhecidos e quais suas características, para poder chegar à forma que usamos para o português.

## OS PRINCIPAIS TIPOS DE ESCRITA: PICTOGRAFIA, LOGOGRAFIA E ESCRITAS ALFABÉTICAS

Ao longo da história, foram criadas quatro formas principais de escrita. A primeira delas é a que chamamos de pictográfica. A ideia de pictografia se relaciona à pintura, ao desenho. A forma pictográfica é a que era usada entre os egípcios, por exemplo. Nela, os pensamentos são representados por gravuras que guardam relação com as ideias representadas. Assim, uma ave é representada pelo desenho estilizado de uma ave e um crocodilo é representado pelo desenho estilizado de um crocodilo. Esses desenhos estilizados são chamados de "hieróglifos" e, por isso, essa escrita é também chamada de "hieroglífica". Veja um exemplo dessa escrita:

Poderíamos nos perguntar o que diferencia essa escrita de um desenho ou de uma pintura qualquer. Aliás, a primeira tentação que temos é pensar que qualquer pessoa podia desenhar as coisas como quisesse. Bem, é essa justamente a diferença da escrita para os outros desenhos: os hieróglifos tinham formas fixas e havia uma maneira de organizá-los. Ou seja, não eram apenas desenhos soltos ao gosto de cada um. Havia uma forma específica de fazer o desenho e regras para organizar os desenhos entre si. Isso fazia dessas pinturas uma escrita *sistemática*.

Como exemplo, podemos tomar a direção de leitura. A escrita hieroglífica egípcia podia ser feita em linhas ou em colunas. E podia ser lida da esquerda para a direita, assim como da direita para a esquerda. Para saber a direção de leitura, deveria se verificar para que lado os símbolos estavam voltados (por exemplo, para que lado estava voltada a cara das "pessoas" ou "animais" ali desenhados. Lembre-se de que os desenhos de pessoas e animais eram feitos sempre em perfil).

Além disso, havia dois tipos de hieróglifos: os ideogramas e os fonogramas. Os hieróglifos que funcionavam como ideogramas representavam ideias; aqueles que funcionavam como fonogramas representavam sons (um, dois ou três sons, dependendo do símbolo usado).

Como se pode ver, havia regras bem rigorosas que sistematizavam essa escrita complexa. Por meio dela, culturas antigas conseguiram passar para as gerações atuais muito de sua história e conhecimentos. Ou seja, funcionou bem para o que se pretendia dela.

Outra forma de escrita usada por muita gente é a logográfica. A mais conhecida dessas escritas é a forma chinesa de escrever. Nela, cada símbolo corresponde a uma palavra ou morfema (daí o nome *logo* = "palavra"). Porém, palavras e morfemas acabam correspondendo, *grosso modo*, a uma ideia, de onde muitas pessoas considerarem essa forma de escrita como ideográfica. Porém, nenhum desses símbolos logográficos corresponde a uma pronúncia específica, ou seja, eles não têm vínculos com a fonética da língua. A antiga escrita *cuneiforme* (porque era feita com pequenas cunhas de madeira – "cuneiforme" = "em forma de cunha" – em placas de argila mole) dos sumérios era, no começo, um tipo de escrita com caracteres ideográficos que, com o tempo, passaram a uma forma mais logográfica como na escrita chinesa (ou seja, uma evolução da representação de ideias para a representação de palavras).

A quantidade de símbolos utilizados na escrita logográfica é imensa, pois também é imensa a quantidade de ideias a ser representadas por palavras e morfemas.

Enquanto em uma escrita como a nossa usamos cerca de 70 símbolos no total, os melhores dicionários de chinês recorrem a cerca de 50 mil símbolos diferentes e há quem fale em 85 mil símbolos. Porém, esse número parece um pouco exagerado. Na verdade, com cerca de 5 mil símbolos se pode dizer que a pessoa é uma ótima escritora-leitora de chinês. Mesmo assim, é muita coisa! Ademais, esses logogramas são construídos com vários traços e pontos que acabam formando pequenos "desenhos" que precisam ser memorizados em detalhe.

Vamos manter ainda o exemplo da China. Como esse país possui centenas de dialetos, os logogramas acabam sendo interessantes como forma de escrita, a despeito de sua complexidade, pois permitem que pessoas de diferentes falas usem os mesmos símbolos para as mesmas ideias, embora leiam os símbolos de forma diferente. Por exemplo, o símbolo para "tartaruga" em chinês é este: 龟. Este símbolo vale para escrever "tartaruga" independentemente da palavra usada em cada dialeto para se referir a "tartaruga".

Os logogramas clássicos do chinês eram, porém, demasiadamente complexos, com uma quantidade muito grande de detalhes. Assim, a República Popular da China, a partir de meados da década de 1950, criou o chinês simplificado, uma forma de escrita com menos traços em cada símbolo, para facilitar a alfabetização das pessoas no país. A escrita chinesa simplificada é usada principalmente na China, em Singapura e na Malásia e vem ganhando popularidade crescente entre as demais nações que ainda usam os caracteres tradicionais. No quadro a seguir, veja três exemplos da diferença de complexidade entre a escrita chinesa tradicional e a simplificada:

| Ideia | Chinês tradicional | Chinês simplificado |
|---|---|---|
| Cavalo | 馬 | 马 |
| Casal | 一對 | 一对 |
| Planta | 廠 | 厂 |

Os logogramas apresentam diferentes naturezas de concepções e formas. Eles podem ter a natureza de pictogramas (quando retratam formas concretas), de ideogramas (quando simbolizam uma ideia) ou uma natureza mais fonética (quando fazem referência a sons específicos). Podem ser simples (um só símbolo) ou compostos (mais de um símbolo). Enfim, há uma grande complexidade de símbolos e regras de escrita a seguir.

A globalização e a necessidade de intercomunicação escrita entre os povos têm pressionado a escrita logográfica que, a despeito dos esforços dos governos dos povos que tradicionalmente a usam, vem perdendo espaço para a escrita alfabética ocidental.

As escritas alfabéticas, por sua vez, se caracterizam pela tentativa de representação de sons da fala por meios de certos símbolos gráficos, formando palavras. Como as línguas do mundo utilizam um número relativamente pequeno de sons, o número de símbolos necessários para "construir" as palavras é também bastante reduzido, o que torna essa forma de escrita mais econômica em se tratando do número de símbolos diferentes utilizados. Cada um desses símbolos é chamado de "grafema" e assume duas naturezas/funções:

a. **letras** – são os grafemas principais de base, aqueles que pretendem representar os sons básicos da língua. Cada língua escrita tem um número e uma seleção específica de grafemas decorrentes de sua constituição fonético-fonológica própria. Na escrita do português, por exemplo, segundo o Acordo Ortográfico proposto em 1990 (mas que somente começou a vigorar no Brasil em 2008), o alfabeto é composto por 26 letras, sendo que cada uma tem uma forma minúscula e uma maiúscula, totalizando 52 símbolos do tipo "letra";

b. **diacríticos** – são os grafemas complementares adicionados às letras para fornecer informações fonéticas, semânticas, morfológicas ou sintáticas à escrita de base. São símbolos que interferem, que alteram a maneira como lemos os símbolos de base. Esta, aliás, é a concepção geral do que seja um "diacrítico": um símbolo que, adicionado a outro símbolo, afeta seu valor significativo. Há um conjunto relativamente pequeno de símbolos diacríticos em nosso alfabeto, que incluem sinais de acentuação, sinais de pontuação e outras marcas de natureza fonética ou morfológica. Aliás, como o uso dos diacríticos é o tema central deste livro, vamos deixá-los quietos um pouquinho para falar mais detalhadamente sobre eles adiante.

A escrita alfabética é o tipo predominante no Ocidente, inclusive é o que você está lendo agora. Porém, ao longo dos anos, criou-se a ilusão ingênua de que essa escrita "representa a fala" fielmente e de que está diretamente relacionada a ela. Isso não é verdadeiro e precisamos explicar por quê.

Quando falamos, utilizamos muitos recursos complexos ao mesmo tempo. Além dos elementos formais da língua, como os morfemas com que construímos das palavras, usamos melodias que alteram o sentido das palavras ditas. Uma coisa é dizer "meu bem" gritando de forma irada e outra é dizer a mesma coisa sussurrando amorosamente no ouvido de uma pessoa. Além disso, usamos gestos, posturas corporais e expressões faciais que interferem diretamente no sentido daquilo que falamos. Nenhuma escrita conhecida no mundo dá conta de tudo isso. Nem sequer as melodias básicas da língua conseguimos colocar na escrita, que se dirá do sotaque, das intenções, do gestual? Isso é tão evidente que a comunicação escrita nas redes sociais acabou criando *emojis* para tentar informar ao nosso leitor o nosso "estado de espírito" e evitar as tão comuns incompreensões do que se escreveu. E, finalmente, muitos têm preferido mandar mensagens de voz ou vídeos para dizer o que querem expressar. Isso é prova bastante da ineficácia da escrita comum para a representação completa e fiel da fala.

Ao escrever, portanto, perdemos muitos dos recursos naturais que usamos para nos expressar quando falamos. Essa perda se dá por se tratar de sistemas totalmente distintos. Para falar, nem precisamos pensar em como falar, pois as coisas parecem acontecer naturalmente (embora, sempre seja recomendável pensar no que se vai dizer...). Mas, quando escrevemos, por não se tratar de algo natural e "automático", temos que "pensar como quem escreve" e não "como quem fala". E isso é coisa que tem que ser aprendida desde os primeiros anos escolares. Só assim podemos alcançar um nível mais satisfatório de escrita.

Porém, não há só um tipo de alfabeto. Vamos ver isso então.

## Alfabetos fonéticos
## e alfabetos ortográficos

Embora tenham nascido como uma tentativa de representação dos sons da fala, os alfabetos, como vimos, nunca deram conta de fazer isso fielmente. Quando se escreve uma simples palavra do português como "leite", por exemplo, haverá brasileiros que a pronunciarão como "leite", outros como "leiti" e outros, ainda, como "leitxi". A escrita alfabética que usamos nessa língua não dá conta de dizer como a palavra deve ser pronunciada e, de verdade, isso não faz falta para a comunicação cotidiana.

Além disso, as línguas estão em constante evolução, o que inclui as formas de pronúncia das palavras, enquanto a escrita é muito mais estática. Assim, a cada dia que passa, a fala vai mais e mais se distanciando da escrita. Isso faz com que os alfabetos comuns das línguas naturais (como aconteceu com o do inglês, o do francês, o do português entre outros) se tornem *alfabetos ortográficos*, ou seja, alfabetos em que não existe uma relação direta entre a forma de escrever a palavra e a forma como ela é pronunciada. Então, não interessa se você fala "leite", "leiti" ou "leitxi", a forma de escrever essa palavra é "leite". E por que é "leite"? Porque isso é regido por lei. Sim! É assim porque há uma lei que define a forma de escrever as palavras do português, como há leis que definem a ortografia de outras línguas. Isso é uma necessidade normativa. Afinal, já pensou o que aconteceria se cada um escrevesse as palavras como lhe viesse à cabeça? Então, embora ninguém precise ensinar para os outros como se fala "leite", cada um precisa aprender e memorizar a escrita dessa e de qualquer outra palavra. É assim que as coisas funcionam quando se usa alfabetos ortográficos.

Pior do que essa distância que a escrita das palavras tem da fala é o fato de que nosso alfabeto tem muitas impropriedades. O ideal seria que o alfabeto tivesse um símbolo para cada som e um som para cada símbolo, uma relação "1 para 1". Porém, no nosso alfabeto, existem símbolos que valem por muitos sons (como o "x", por exemplo: "exceção", "exercício", "xícara"...) e sons que são representados por vários símbolos diferentes (como o "u": "bacurau" e "quintal" (o "l" final se fala como "u")), além de símbolos "mudos" ("homem") e símbolos conjugados ("carro", "brejo", "chá"), entre outras encrencas. Junte a isso que, além das letras, ainda existem os diacríticos, que complementam o sistema, e o resultado é um conjunto de usuários bem confusos na hora de escrever. Isso ocorre porque o português é uma língua que tem uma escrita já bem antiga (cerca de 850 anos de existência desde as primeiras tentativas conhecidas) e influência de muitas outras línguas, com muitos empréstimos e adaptações. Isso tudo acaba fazendo com que nosso sistema tenha ficado repleto de exceções, variações, inconsistências. Mas, é assim que ele é. Então, temos que aprendê-lo.

Nos países que adotam o português como língua oficial, quem determina a forma ortográfica (isto é, a forma correta de escrever uma palavra) é o conjunto de Academias de Letras que propõem periodicamente o Acordo Ortográfico da Língua Portuguesa, ou seja, as Academias de Angola, do Brasil, de Cabo Verde, de Guiné-Bissau, de

Moçambique, de Portugal e de São Tomé e Príncipe. O acordo ortográfico tem valor de lei (no caso do Brasil, um Decreto Presidencial) e precisa ser obedecido por todos os países signatários.

Muitas vezes, o acordo é desnecessário e quase inócuo, como foi, por exemplo, o último, que deu mais despesas ao país do que facilitou em alguma coisa a escrita da língua. Basta pensar no tanto que os governos signatários tiveram que gastar trocando dicionários e livros didáticos nas escolas públicas. Na verdade, a impressão que se tem é que alguns acordos têm mais função político-econômica do que linguística. Não mexer na escrita mais do que ela já é mexida e remexida seria melhor do que ficar inventando moda a todo tempo. De qualquer forma, isso foge da competência dos pobres mortais...

O fato é que o resultado dos acordos ortográficos é publicado em um volume que se chama Vocabulário Ortográfico da Língua Portuguesa (Volp), que é uma lista de palavras consideradas como oficialmente constituintes da língua portuguesa em todos os países signatários. Essas palavras são apresentadas em ordem alfabética e em sua forma ortográfica. Assim, se a palavra consta no Volp, ela é oficialmente uma palavra do português; se não consta, não é oficialmente do português. Não há nada que possamos fazer em relação a isso.

Lembro, por exemplo, da polêmica que foi gerada quando Dilma Rousseff resolveu que queria ser chamada de "presidenta". Li alguns artigos encolerizados tentando provar por aqui ou por ali que a palavra existia ou que não existia. Isso não é, verdadeiramente, motivo de polêmica.

Consulte-se o Volp. A palavra está lá: na página 674, para ser mais preciso. Ou seja, é uma palavra oficial da língua portuguesa e a presidenta poderia, sim, usá-la se assim o desejasse. Tudo o que passou disso foi conversa mole.

Como a sociedade sempre cria e aceita novas palavras em seu meio, o Volp é atualizado periodicamente. Mas atenção: o Volp não é um dicionário. Ele é a mera listagem das palavras oficiais da língua. As pessoas que escrevem dicionários é que têm que consultar o Volp para ver quais são as palavras oficiais da língua e como elas são escritas. Aliás, a última versão do Volp no Brasil é de 2009, ou seja, saiu um ano após a assinatura do Acordo Ortográfico. O Governo Federal brasileiro comprou e distribuiu volumes do Volp para todas as instituições de ensino públicas do país, básicas e superiores. Ele é o material adequado para a consulta sobre a escrita de uma palavra e não os dicionários, que servem para informar os sentidos das palavras.

Então, quando um alfabeto é ortográfico, como o nosso, a pessoa tem que entender que não interessa como ela fala a palavra, qual é seu sotaque ou falar regional: a palavra tem uma forma padrão fixa de escrita e essa forma tem que ser memorizada. Se a pessoa fala "pobrema", ela tem que escrever "problema"; se fala "paixtéu", tem que escrever "pastel". Sim! A grafia de uma língua como a nossa, que adota um alfabeto ortográfico como forma de escrita, *se aprende por memorização e não pela via da relação entre a escrita da palavra e a nossa consciência fonológica.*

Por outro lado, existe a necessidade científica de registrar de forma escrita e mais fiel a fala humana. Isso ocorre, especialmente, com as pessoas que estudam as línguas naturais, os linguistas. Para isso, foi necessário criar alfabetos mais fiéis à pronúncia da fala, os chamados alfabetos fonéticos. Nesses alfabetos, aquela relação ideal "1 para 1" é buscada, de maneira que para cada som haja apenas um símbolo utilizado. Também são adotados diacríticos nesses alfabetos, como forma de completar as representações. O mais difundido desses alfabetos é o Alfabeto Fonético Internacional (AFI), que procura representar todos os sons de todas as línguas conhecidas no mundo, de maneira que o mesmo alfabeto dê conta de representar palavras de todas essas línguas. Mas não devemos nos iludir. O AFI dá conta dos sons e vai pouco adiante. Continua não sendo possível representar todas as coisas que seriam desejáveis, como as dimensões gestual e postural e as feições. Porém, deve-se notar que o AFI é muito mais preciso do que os alfabetos ortográficos no seu papel científico de representação da fala humana. Veja um exemplo disso:

Em nosso alfabeto, temos a letra "o" que, às vezes, é pronunciada de forma aberta ("ó" – como em "olha"), às vezes de forma fechada ("ô" – como em "torre"), às vezes como se fosse "u", como o segundo "o" da palavra "molho") e às vezes de forma anasalada ("õ", como em "ontem"). Para esses quatro sons ("ó", "ô", "u" e "õ"), usamos o mesmo símbolo, a mesma letra "o". Para complicar ainda mais, às vezes usamos essa mesma letra acrescida de diacríticos: "ó" ("vovó"), "ô" ("vovô") e "õ" ("compõem"). É uma bela confusão, não é mesmo?

Bem, no AFI, cada um desses sons tem um símbolo diferente para representá-lo (vou mostrar aqui apenas as representações básicas do AFI, pois o sistema é bem mais complexo): "ô" é representado por [o], "ó" é representado por [ɔ] e "u" é representado por [u], se for vogal, e por [w], se for semivogal, isso sem contar os diacríticos que acrescentam informações sobre tonicidade, posição precisa de articulação, forma de pronúncia etc. Ou seja, é um sistema muito mais complexo, restrito a um menor número de usuários e que tem uma finalidade explícita de registro científico. Esse nível de complexidade não seria necessário e nem funcional para uma escrita comum de uso cotidiano.

Como vemos, diferentemente do que acontece quando se usa um alfabeto ortográfico como o nosso, quando usamos um alfabeto como o AFI, interessa sim – e muito! – como cada pessoa pronuncia a palavra, pois o objetivo desse tipo de alfabeto é justamente o de registrar o mais fielmente possível a forma fonética de cada palavra dita. Assim, uma mesma palavra pode ter escritas muito diferentes quando usamos o AFI, pois para cada pronúncia realizada por cada pessoa haverá um registro diferente, totalmente independente da forma ortográfica da palavra. Mas o AFI não é nosso interesse central aqui. Então, vamos nos ater a compreender melhor o funcionamento de nosso alfabeto.

## Nosso alfabeto e os diacríticos

Como vimos, em conformidade com o Acordo Ortográfico em vigor, nosso alfabeto é composto por 26 letras, cada uma delas com uma forma maiúscula e uma minúscula. Como você já conhece essas letras (é evidente!), não precisamos citá-las aqui nem dar seus nomes.

*A escrita e a fala*

Vale lembrar que o último acordo ortográfico acrescentou à escrita oficial do português as letras "k", "w" e "y", mas, por incrível que pareça, continua considerando o cê cedilhado ("ç") como uma letra cê "simples" acrescida de um diacrítico. Ou seja, o "ç" continua não sendo considerado uma "letra independente", mas a letra cê modificada.

As letras, que funcionam como base do sistema de escrita, são complementadas por diacríticos que exercem diferentes funções em relação ao que se escreve. As principais funções dos diacríticos são:

a. indicar aspectos fonético-fonológicos, como o timbre de uma vogal, a tonicidade silábica da palavra ou a pronúncia específica de uma letra;

b. indicar aspectos fonológico-semânticos, como a entonação básica de uma sentença que define sua tipologia;

c. indicar fenômenos mórficos, como contração, a aglutinação ou a ligação de elementos;

d. indicar aspectos sintático-semânticos, com a alteração da estrutura frasal ou o tipo de relação sintática existente;

e. indicar aspectos discursivos, como o fato de estar havendo um diálogo ou uma citação.

E, por falar em diacríticos, finalmente chegamos a eles! Vamos conhecê-los então.

# Os tipos de diacríticos presentes em nossa escrita e seus usos

Na escrita oficial do português temos os seguintes tipos de diacríticos (que vamos estudar um a um em seguida):

a. **cedilha** – é um modificador da letra cê quando em usos específicos;
b. **acentos** – são indicadores do timbre de certas vogais e marcadores de tonicidade silábica. Nas palavras que os recebem, somente são aplicados sobre as sílabas tônicas e somente sobre vogais. No português, não existem palavras com dois acentos;
c. **til** – é um indicador de nasalidade vocálica. Não é acento e não tem relação com a tonicidade silábica, tampouco com o timbre da vogal. Só é usado sobre vogais nasais e em determinadas circunstâncias;
d. **crase** – é um indicador de que houve "fusão" de duas vogais iguais. Não é acento (é um grave equí-

voco técnico chamar a crase de "acento grave"...), não tem relação alguma com a tonicidade silábica ou com o timbre vocálico;

e. **hífen** – é um indicador de ligação entre palavras (do grego *hyphén*, "em conjunto com", "juntar", "ligar", "ligação"). Pode ser usado para translineação indicando que o que aparece no final de uma linha está ligado ao que aparece no começo da linha seguinte;

f. **apóstrofo** – é um indicador de que houve uma contração ou aglutinação entre palavras em seu registro escrito;

g. **sinais de pontuação** – são utilizados para acrescentar informações fonológico-semânticas à escrita (como acontece, por exemplo, com os sinais de interrogação e de exclamação) ou informações sobre a estrutura sintática do texto (como é o caso da vírgula);

h. **diacríticos de informação discursiva** – são indicadores de aspectos discursivos, como o fato de que algo está sendo citado, de que está transcorrendo um diálogo ou que parte do texto é uma explicação de outra parte.

Há autores que não consideram a pontuação como parte dos diacríticos, mas simplesmente como "pontuação". Cremos, porém, que isso contraria a própria ideia de "diacrítico", que é todo sinal que modifica o valor de outros sinais. A pontuação modifica grandemente o valor dos sinais a que se relaciona, inclusive quando da oralização da leitura.

Também vale notar que o Acordo Ortográfico em vigor não trata da pontuação como parte da escrita oficial, o que nos parece uma falha a sanar futuramente. Como componente essencial do sistema de escrita da língua, a pontuação é, obviamente, parte integrante do sistema alfabético disponível e merece tratamento regulamentar.

Passemos, então à descrição dos usos de cada um dos diacríticos disponíveis em nossa forma de escrita.

## CEDILHA

Como dissemos anteriormente, a cedilha é um diacrítico que deve sua existência apenas à letra cê. Essa letra representa dois sons bem diferentes na escrita do português: som de "k", antes de "a", "o" e "u" ("cachorro", "corpo", "cuspir") e som de "s", antes de "e" e "i" ("céu", "circo"). Assim, para que ela pudesse ter som de "s" também antes de "a", "o" e "u" ("bênção", "pescoço", "açúcar"), criou-se o cê cedilhado, que, porém, não pode ser utilizado na posição inicial da palavra.

Alguns autores pretendem que há regras e padrões para a aplicação da cedilha. Não há, de verdade, nenhuma regra que cubra todos os usos, seja por etimologia, seja por sentido, seja por derivação. Então, entram exceções e mais exceções. Bem, ao invés de decorar pilhas de regras e suas exceções, fica muito mais fácil decorar quais palavras são escritas com a cedilha.

**31**

## ACENTOS: AGUDO E CIRCUNFLEXO

Embora algumas pessoas possam pensar (e ensinar erroneamente) assim, nem todo símbolo que se coloca sobre uma letra é um acento. Aliás, na escrita do português só há dois acentos: acento agudo (´) e acento circunflexo (^). O que é um acento, então?

O acento é um diacrítico que tem dupla função nas palavras em que é usado:

a. ele define o timbre (aberto ou fechado) das vogais sobre as quais ele é aplicado. Assim, em "vovó", a pronúncia do último "o" é aberta e em "vovô", é fechada;
b. ele indica a sílaba tônica da palavra. Por isso, em português, apenas marcamos com acento a sílaba tônica de uma palavra e nunca a subtônica ou sílabas átonas. Por isso, também, na escrita do português não existem palavras com dois acentos. Mas, "bênção" não tem dois acentos? E "acórdão"? Não, não tem dois acentos, simplesmente porque o til não é acento, como veremos adiante. Essas palavras e quaisquer outras do português só podem ter um único acento que, nos dois casos, marca a sílaba tônica da palavra ("bên" e "cór", respectivamente) e o timbre das vogais acentuadas (fechado (ê) e aberto (ó), respectivamente).

Assim, quando se pensa na necessidade de aplicação de acentos, devemos lembrar dessas duas funções, o que já evitará muitos problemas.

A aplicação dos acentos na escrita do português depende da posição da sílaba tônica na palavra, o que já complica bem as coisas para os alunos dos primeiros anos do ensino básico. As regras para palavras que têm a antepenúltima sílaba como tônica (proparoxítonas) são diferentes das regras para as que têm a penúltima (paroxítonas) ou a última (oxítonas) sílaba como tônica. É interessante que o texto do Acordo Ortográfico atual deixa entender que as palavras de uma só sílaba (monossílabas) tônicas são consideradas oxítonas. Mas vamos falar delas separadamente. Assim, se o objetivo do professor for ensinar a ortografia, é mais fácil ensinar simplesmente ao aluno que a palavra "pássaro" é acentuada do que ensinar a ele que a palavra é acentuada porque se trata de uma proparoxítona e que todas as palavras proparoxítonas são acentuadas no português.

★

Como dissemos na "Apresentação", não é nossa intenção transformar este guia em uma listagem de regras para decorar. A ideia é mais a de compreender o funcionamento do sistema do que decorar regras. Por exemplo, o sistema de escrita do português, como definido no Acordo Ortográfico, tem a tendência de considerar as vogais "a", "e" e "o" como naturalmente átonas e as vogais "i" e "u" como naturalmente tônicas. Por isso, a acentuação ocorre mais sobre as primeiras do que sobre estas últimas, que somente levam acento em casos bem específicos, pois já teriam, por natureza, a tendência de atrair a tonicidade da palavra para si. Da mesma forma, existem algumas consoantes consideradas mais sonoras, que disputariam a tonicidade da palavra para as sílabas em que aparecem, exigindo que a acentuação fosse obrigatória em outra sílaba da palavra como forma de demonstrar qual é a tônica. Isso, porém, é tudo uma "ilusão" causada pela escrita.

As palavras são como são na fala e isso independe de como elas são escritas. Quando digo, por exemplo, "tábua", a primeira vogal "a" é tônica na fala independentemente de como a palavra é escrita. Isso independe de a palavra ter esse final "ua", de ser paroxítona ou proparoxítona (essa briga é grande...) ou de qualquer outra coisa. Também, nada pode garantir que um leitor do português leria "tabúa" ou "tabuá" se a palavra não fosse acentuada, até porque essas palavras nem existem na língua. Acostumado a reconhecer que "tabua" (sem acento) deve ser lida como "tábua" (com o primeiro "a" tônico), o leitor a leria sem nenhum problema da mesma forma que a pronuncia em sua fala normal. Do mesmo modo, quando um leitor encontrasse a palavra "martir" (sem acento), ele não seria levado a ler "martír" porque o "i" e o "r" são considerados mais "fortes", mas simplesmente porque essa palavra "martir" também não existe na língua: "mártir" é que existe. Há línguas, inclusive, que não usam acentos em sua grafia, como é o caso do inglês, e ninguém entende as coisas escritas de forma errada por falta deles.

É importante que as pessoas compreendam, portanto, que existe sim uma lógica (embora frágil) que sustenta o sistema gráfico do português e suas centenas de exceções, mas que essa lógica não garante nada, não é a única possível nem explica todos os casos. Compreendê-la, porém, nos ajuda a lidar com um sistema tão complexo e ineficiente, ajuda em sua memorização e pode tornar a escrita menos "dolorosa".

★

De toda forma, as regras para aplicação desses acentos, conforme ditadas no último Acordo Ortográfico, podem ser assim resumidas:

- **Para palavras monossílabas:**

Serão acentuadas essas palavras quando consideradas "tônicas", desde que terminadas em "a", "e", "o", "éu", "ói" e "éi", seguidos ou não de "s". Usa-se o acento agudo ou o circunflexo conforme o timbre da vogal a ser acentuada. Mas, afinal de contas, o que é um monossílabo tônico? É aquele que tem pronúncia forte? Não. Até porque, essa coisa de "pronúncia" forte, em um monossílabo, seria algo indefinível.

É tônico o monossílabo considerado como uma palavra "nocional", ou seja, aquele que se refere a algo no mundo, como ocorre com os substantivos ("pá", "mó", "pé", "réu"), verbos ("vê", "lê", "dá", "dói", "dê") e adjetivos ("má", "só"). As palavras que exercem meramente funções gramaticais ou não referenciais são consideradas átonas, como ocorre com os artigos, as preposições e os pronomes chamados de oblíquos ("de", "o", "lo", "lhe").

# Guia de acentuação e pontuação em português brasileiro

No caso dos verbos "ter" e "vir", o acento circunflexo é usado para diferenciar a forma plural (com acento) da forma singular (sem acento), em certos tempos e pessoas: "Ele tem/Eles têm", "Ela vem/Elas vêm". Embora não sejam monossilábicos, os verbos com essas mesmas terminações, como "detém/detêm", "convém/convêm", "intervém/intervêm" também receberão esse acento como diferencial.

Finalmente, usa-se esse acento como diferencial para identificar o verbo "pôr" em oposição à preposição "por" (que não leva acento).

## • Para palavras oxítonas

Da mesma forma que em todos os casos de acentuação, usa-se o acento agudo ou o circunflexo conforme o timbre da vogal a ser acentuada. As regras gerais são:

1. são acentuadas as que terminam em "a", "e" ou "o" seguidos ou não de "s" – "sofá", "sofás", "guichê", "guichês", "socó", "socós";
2. são acentuadas as que terminam em "em" ou "ens" – "também", "vinténs";
3. são acentuadas as palavras terminadas em "éi", "ói" e "éu" seguidos ou não de "s" – "anéis", "herói", "chapéu";
4. são acentuados o "a", "e" ou "o" tônicos das composições verbais com pronomes finais "la(s)", "lo(s)" – "podá-lo", "comê-lo", "propô-la".

**36**

*Os tipos de diacríticos presentes em nossa escrita e seus usos*

- **Para palavras paroxítonas:**

Como as palavras paroxítonas são as mais numerosas do português, é de se esperar que a quantidade de casos de acentuação para elas seja igualmente grande. E assim é:

1. São acentuadas as vogais tônicas das palavras paroxítonas terminadas em (mesmo que seguidas de "s", quando for o caso de certos plurais):
   - "l" ("réptil");
   - "n" ("dólmen");
   - "r" ("âmbar");
   - "x" ("córtex");
   - "ps" ("fórceps");
   - "ã" ("órfã");
   - "ão" ("bênção");
   - "ei" ("hóquei");
   - "is" ("oásis");
   - "i", ("júri");
   - "um" ("álbum");
   - "uns" ("fóruns");
   - "us" ("vírus").

O único uso diferencial acordado para palavras paroxítonas que restou foi do verbo "poder", que usa o circunflexo na terceira pessoa do passado para diferenciar da terceira pessoa do presente (pôde = passado/pode = presente).

➲ Uma nota sobre o "i" e o "u" tônicos dos hiatos em oxítonas e paroxítonas: anteriormente, todas as vezes que um "i" ou um "u" eram tônicos e não nasalizados em um hiato, eles recebiam acento. Agora, somente são acentuados nas seguintes situações:

a. se constituírem uma sílaba sozinhos ou acompanhados de "s" ("ba-í-a", "fa-ís-ca", "gra-ú-do", "ba-la-ús-tre"). Essa regra somente vale se o "i" e o "u" não forem precedidos de ditongo (por isso, palavras como "bai-u-ca" e "chei-i-nho" não têm mais o acento).
b. se constituírem uma sílaba final da palavra, sozinhos ou acompanhados de "s" ("Pi-au-í", "sa-ís", "tei-ú", "tui-ui-ús").

- **Para palavras proparoxítonas:**

Todas as palavras proparoxítonas são acentuadas ("plástico", "cínico", "exército", "pródigo", "púnico").

Todas as demais palavras que não se enquadrem em nenhuma dessas regras de aplicação de acentos, não são acentuadas, mesmo que um dia tenham sido.

*

Como se vê, as regras de aplicação de acentos demandam conhecimentos técnicos que os alunos de educação básica, especialmente os dos primeiros anos, não possuem. Não é tão simples como se pensa considerar aspectos como a tonicidade e o timbre vocálicos. Mesmo que seja mais fácil contar o número de sílabas de uma palavra, ele terá que aprender a separar as sílabas, o que não é óbvio (por exemplo, a palavra "Islândia" tem quantas sílabas? É paroxítona ou proparoxítona?). Mas, por outro lado, a criança já estará usando as palavras desde os primeiros dias do processo de alfabetização. Mas há formas eficientes de ensiná-la a usar os acentos, mesmo que ela não seja capaz, ainda, de compreender essas regras. Isso é algo relevante para se pensar e se praticar na escola. Assim, veremos isso com mais calma no último capítulo.

## TIL

Como já afirmamos anteriormente, o til (~) não é um acento. Ele não altera o timbre da vogal marcada por ele nem indica a sílaba tônica da palavra. Veja, por exemplo, que nas palavras "bênção" e "acórdão", a sílaba tônica não é aquela da vogal marcada com o til. O til é, portanto, apenas um indicador de nasalização da vogal por ele marcada.

Na fala do português, algumas vogais são nasalizadas por contaminação com o ambiente fonético em que ocorrem. Isso é representado naturalmente na escrita, sem a necessidade de usar o til. Junto de consoantes nasais, como "m", "n", "nh", por exemplo, as vogais tendem a ficar naturalmente nasalizadas e, assim prescindem de ser marcadas com o til. É o caso, por exemplo, do "o" de "ontem", do "a" de "antes" e do "u" de "úmero".

Em ambientes em que o entorno fonético é oral, porém, sem nasalizações que contaminem as vogais da base silábica, a grafia pede que sua nasalização seja indicada com o til. São os casos de palavras como "maçã", "repõe", "pressão", "órfã" etc.

## CRASE

A crase (`) é outro símbolo gráfico que vai sobre as letras, mas não é acento. Como dissemos anteriormente, chamar a crase de "acento grave" é um grave erro técnico. Primeiro, porque a crase não marca a sílaba tônica das palavras (em "àquele", por exemplo, a crase está sobre uma sílaba átona), depois porque não altera em nada sua pronúncia na leitura (é um equívoco ler algo como "vou à Baía de Todos-os-Santos" como "vou aaaaaa Baía de..." para mostrar que existe uma crase aí). É verdade que, em tempos antigos, a escrita do português dispôs do acento grave, que, à época, funcionava como acento. Na atual grafia, porém, não temos mais o acento grave: temos o "indicador de crase" ou, simplesmente, "crase". Por isso, o "a" que leva esse símbolo é chamado de "a craseado" e não de "a grave". Mas, o Acordo Ortográfico em vigor, infelizmente, ainda fala de "acento grave" em seu texto. Algo a ser corrigido posteriormente, espero.

A crase, em português, é apenas o indicador de que dois sons "a" foram juntados em um só, o que nós fazemos costumeiramente na fala, mas que deve ser indicado explicitamente na escrita. A palavra "crase" significa "junção", "fusão". Assim, podemos juntar:

a. **um conectivo "a" com um artigo "a"** – "Dei o presente à Maria" (equivalendo por "Dei o presente a (conectivo) + a (artigo) Maria = para a Maria"). Bem, como os artigos femininos só ocorrem diante de palavras femininas, uma boa dica para saber se temos dois "as" para juntar é verificar se a palavra sucedente é feminina;

b. **um conectivo "a" com um demonstrativo "a"** – "João conheceu Maria à época da Segunda Guerra" (equivalendo por "João conheceu Maria a (conectivo) + a (demonstrativo) época da Segunda Guerra = em aquela/naquela época"). Da mesma forma que no caso anterior, como o demonstrativo "a" só ocorre diante de palavras femininas, a mesma observação sobre o gênero da palavra sucedente deve ser feita;

c. **um conectivo "a" com o primeiro "a" de demonstrativos como "aquele", "aquela", "aquilo" ou contrações como "aqueloutro", "aqueloutra"** – "Entreguei o doce àquele sujeito de verde" (equivalendo por "Entreguei o doce a (conectivo) + a̲quele (primeiro "a" do demonstrativo) sujeito de verde = para aquele sujeito").

As gramáticas tradicionais e os livros didáticos em geral costumam apresentar uma dezena ou mais de regras para o uso da crase. Essas regras, costumeiramente, são copiadas na lousa para que os alunos as decorem, porque vão ser cobradas nas avaliações. Porém, essas regras são recheadas de conceitos morfossintáticos abstratos que impedem sua compreensão pelos alunos. Eles até são capazes de decorar algumas delas, mas não conseguem estabelecer relações entre as regras e a sua escrita, errando na marcação da crase. O próprio Acordo Ortográfico não apresenta esse tanto de regras (são apenas esses três casos que apresentei acima). Mas, pior do que mandar decorar regras, é negar ao aluno a compreensão do fenômeno fonológico que está sendo representado pelo símbolo (que, aliás, é bem simples) e da necessidade de marcar isso na escrita. Se isso for feito, eles, certamente, aprenderão a aplicar o indicador de crase com muito menos esforço e com muito mais acerto.

## HÍFEN

O hífen (-) é um diacrítico que serve para indicar ligação entre palavras ou parte de uma palavra (como ocorre na translineação).

O hífen, sem dúvida alguma, é o símbolo de uso mais complexo, mais complicado mesmo, que temos em nossa escrita. A quantidade de regras, exceções e recomendações subjetivas que definem sua aplicação é quase impossível de decorar. Aí fica valendo mesmo ter o Volp ao lado ou um bom corretor ortográfico digital para saber se o hífen é aplicável ou não.

Para ilustrar essa falta de coerência entre as regras, vemos que os próprios nomes dos sinais de pontuação já trazem problema. Alguns utilizam hífen, outros não. Por exemplo, "ponto-final" e "dois-pontos" são grafados com hífen, enquanto "ponto e vírgula" não utiliza hífen. A justificativa para não utilizar hífen, neste último caso, é a ligação dos elementos por conectivo ("e", "que", "de" etc.). Essa nova regra é que faz com que palavras como "pé de moleque" e "tomara que caia", que eram grafadas com hífen na penúltima versão do Volp (na edição de 1998: "pé-de-moleque" e "tomara-que-caia"), agora tenham perdido a ligação. Palavras como "pé de moleque" e "tomara que caia" eram consideradas, com base no penúltimo Acordo Ortográfico, como uma "unidade" e, por isso, recebiam o hífen. Agora, continua a regra da "unidade", mas foi inserida a ressalva da ligação por conectivo. Porém, como explicar que "cor-de-rosa" e "mais-que-perfeito", em que aparece o conectivo, continuem sendo grafadas com hífen atualmente? Bem, esse é exatamente o fato que quero demonstrar: não dá para explicar de um ponto de vista lógico e coerente.

Assim, vamos conhecer parte dessa complexidade aqui, sempre numa tentativa de resumir *apenas os casos em que o hífen é utilizado*, e isso da forma mais objetiva possível:

a.  quando duas palavras passam a ser consideradas como uma palavra composta, uma "unidade", e são reconhecidas assim no Volp, elas passam a ser grafadas com hífen. Não há justificativa lógica para isso: apenas o costume e a aceitação definem esse critério. Assim, quando falamos "guarda municipal" ou "guarda estadual", não usamos hífen, mas em "guarda-noturno" se usa hífen... Outros exemplos de palavras que passaram a ser consideradas uma única palavra composta e grafadas com hífen são: "arco-íris", "norte-americano", "tio-avô", "conta-gotas", "guarda-chuva", "segunda-feira", "primeiro-ministro" etc.

Em alguns casos, as palavras eram escritas com hífen, mas se tornaram tão "unidas" que passaram a ser escritas em um único bloco, como "girassol", "madressilva", "pontapé" e "paraquedas". Ninguém pode garantir que isso não vai acabar acontecendo, também, com as palavras compostas que ainda usam o hífen hoje;

b. nos nomes de lugares (topônimos), usamos o hífen se eles começarem por "grã" ou "grão", ou se o segundo elemento for um composto ligado por artigo. São os casos de "Grã-Bretanha", "Grão-Pará", "Baía de Todos-os-Santos", "Estância de Entre-os-Rios";

c. nos nomes compostos de plantas e animais, usamos o hífen para ligar todas as palavras que os compõem, mesmo que sejam várias. São exemplos: "couve-flor", "fava-de-santo-inácio", "macaco-de-cheiro", "bem-te-vi", "tatu-galinha", "joão-botina-do-brejo", "urutu-cruzeiro";

d. quando as palavras "bem" e "mal" estão funcionando como advérbios e são ligadas a palavras que iniciam com vogal ou "h", elas podem ser unidas por hífen (mas nem sempre...). É o caso de "bem-aventurado", "mal-humorado", "bem-estar".

Vamos explicar o "nem sempre" acima: às vezes, a palavra "mal" se aglutina com a segunda palavra, desde que esta inicie por consoante, enquanto a palavra bem, no mesmo caso, mantém o hífen: "malvisto/

bem-visto", "malnascido/bem-nascido", "malsoante/bem-soante". Mas o "bem" também tem lá seus momentos de aglutinação. É o que acontece em palavras como "benfazejo", "benfeito", "benfeitor", "benquerença". Ou seja, creio que você já entendeu: é mais um caso em que a solução está em consultar o Volp ou um bom corretor ortográfico, pois não há uma explicação lógica que dê conta de todos os casos, mas apenas o uso e a aceitação é que definem o resultado final;

e. quando as palavras compostas tiverem como primeiro elemento "além", "aquém", "recém" e "sem", usamos o hífen: "além-mar", "aquém-fronteira", "recém-casados", "sem-vergonha", "sem-número" etc.;

f. nas locuções de qualquer natureza (locução é quando duas ou mais palavras funcionam morfossintaticamente como uma palavra única), não se recomenda o uso do hífen. Mas tem exceção? Sim, tem. É o caso de locuções que são consideradas "consagradas pelo uso", como "água-de-colônia", "arco-da-velha", "cor-de-rosa", "mais-que-perfeito", "pé-de-meia", "ao deus-dará", à queima-roupa". Qual é a lógica dessa regra? Simples: consulte o Volp;

g. também se vai usar o hífen para ligar palavras que se combinem ocasionalmente formando o que se convencionou chamar de "encadeamentos vocalubares" (que diferem das palavras compostas). É o caso de "ponte aérea Rio-São Paulo", "Tratado Brasil-Portugal", "linha férrea Santos-Jundiaí". Ao observar esses casos, podemos ver que, nesses encadeamentos, existe sempre um sentido de "de um lugar a outro" (como em "Ponte Rio-Niterói") ou de relação entre as partes (como em "Acordo Angola-Moçambique");

h.  quando o nome de um lugar (topônimo) é composto, mesmo sem hífen, e o adjetivo que designa origem nesse lugar também for composto, ele deverá ser escrito com hífen. São exemplos desse uso: "Mato Grosso/mato-grossense", "Nova Olinda/nova-olindense", "Santa Maria/santa-marianense", "São Lourenço/são-lourenciano";

i.  nas palavras iniciadas com prefixos como *ante-, anti-, circum-, co-, contra-, entre-, extra-, hiper-, infra-, intra-, pós-, pré-, pró-, sobre-, sub-, super-, supra-, ultra-*, ou com outros elementos de origem grega e latina que funcionem como prefixos como *aero-, agro-, aqui-, auto-, bio-, eletro-, geo-, hidro-, inter-, macro-, micro-, maxi-, mini-, neo-, pan-, pluri-, proto-, pseud.-, retro-, semi-, tele-*, entre outros, o hífen vai ser usado nos seguintes casos:

    • quando a segunda palavra começar com "h": "pré-história", "sub-hepático", "neo-helênico", "extra-humano", "super-homem", "co-herdeiro", "anti-higiênico". Há exceções? Sim... Elas ocorrem principalmente com os prefixos *des-* e *in-*, que costumam se aglutinar sem o hífen e, ainda, "matar" o "h" inicial da segunda palavra: "desumano", "inábil", "inumano";

    • quando a segunda palavra iniciar com a mesma vogal com a qual o primeiro elemento termina:

"anti-ibérico", "contra-almirante", "auto-observação", "micro-onda". E as exceções? Estão aqui: o prefixo *co-* gosta mesmo é de se aglutinar à palavra seguinte iniciada por "o", como ocorre em "cooperação", "coocupante", "coordenar", "coobrigação" etc.;

- quando a formação da palavra for com os prefixos *circum-* e *pan-*, somente será utilizado o hífen quando o segundo elemento iniciar com vogal, "h", "m" ou "n", como em: "circum-navegação", "pan-africano" e "circum-murado";

- se a formação se der com os *hiper-, inter-* ou *super-*, além do "h" iniciando o segundo elemento, como já citamos, também será utilizado o hífen caso o segundo elemento inicie por "r". São exemplos desse uso: "hiper-requintado", "super-revista" e "inter-resistente";

- quando o prefixo for *sota-, soto-, vice-, vizo-* ou *ex-* (este somente quando o sentido for de "estado anterior" ou "cessamento"), sempre se vai usar o hífen. Veja: "ex-diretor", "ex-marido", "ex-presidente", "vice-ministro", "soto-mestre", "vizo-rei";

- o hífen também vai ser usado com os prefixos tônicos e acentuados *pós-, pré-* e *pró-*, desde que, na formação da palavra, eles continuem tônicos e acentuados, como acontece com "pós-graduação", "pré-vestibular", "pró-europeu" (diferentemente do que acontece, por exemplo, com "prever", "pospor", "promover");

j. quando a formação da palavra ocorrer com o uso dos sufixos de origem tupi *-açu*, *-guaçu* ou *-mirim*, o hífen somente será utilizado se a palavra inicial for terminada com vogal acentuada graficamente ou se o resultado da composição puder causar uma junção indesejada da última letra da palavra inicial com a letra inicial do sufixo, como ocorre em: "Guajará-Mirim", "anajá-mirim", "amoré-guaçu" e "capim-açu" (se não for usado o hífen aqui, pode-se achar que a palavra é "ca-pi-ma-çu");

k. será utilizado o hífen na ligação de alguns pronomes oblíquos (aqueles que funcionam como complementos verbais) com os respectivos verbos, como ocorre em "amá-lo", "querê-lo", "partir-lhe", "dar-lhe-emos", "estudá-lo-ei";

- existem outras formas de composição pronominal que quase não se usa no Brasil, mas que também vão utilizar o hífen, caso alguém venha a fazer com elas um documento muito formal ou um discurso em alguma Academia de Letras, que são aquelas formadas com o advérbio "eis" ("eis-me" e "ei-lo", por exemplo) e as combinações pronominais do tipo "no-la", "vo-lo", "no-las", desde que em próclise;

l. o hífen também é utilizado em caso de translineação, o que ocorre quando, na escrita, a palavra não cabe na linha em uso e uma parte dela é escrita na linha subsequente. Nesses casos, o hífen indica que as duas partes pertencem a uma mesma palavra e devem ser lidas como tal, ou seja, ligadas. Hoje, nos editores

Os tipos de diacríticos presentes em nossa escrita e seus usos

mais modernos de texto, há o recurso de impedir automaticamente a hifenização na translineação, exceto em casos de palavras que já utilizam o hífen na sua grafia, recurso que, aliás, é muito bom. Quando não impedimos a hifenização, o próprio editor faz a separação silábica de forma automática. Porém, na escrita manual, sem editor eletrônico, a pessoa precisará saber os critérios utilizados para a separação silábica para poder fazer a translineação corretamente, além de saber que o hífen deverá ser utilizado. Portanto, há conhecimentos requeridos previamente para que se possa utilizar o hífen de forma adequada na translineação, fato que nem sempre é respeitado no ambiente escolar.

É pela mesma razão de indicar que as partes de uma palavra estão unidas que, quando representamos graficamente a separação silábica, o fazemos utilizando o hífen. Assim temos como exemplos: "assinatura = as-si-na-tu-ra" e "calhambeque = ca-lham-be-que".

E então? É fácil usar o hífen na grafia do português? Não, claro que não! São muitas regras e casos com suas respectivas exceções. Alguns são mais fáceis de memorizar, como saber que, toda vez que a palavra começa com "ex-" significando "aquele que deixou de ser", a gente deve usar o hífen. Então, ninguém mais deve errar "ex-amigo do Facebook"... Também é fácil lembrar que nomes compostos de plantas e animais são escritos com hífen. Então, não dá mais para errar "canário-da-terra" ou "lobo-guará". Mas, também é fácil perceber que não vale a pena tentar decorar todo esse cabedal de regras. Um bom editor eletrônico ajuda bastante a resolver os casos desconhecidos. No meu caso, meu exemplar do Volp é o meu melhor amigo quando estou escrevendo ou na sala dando aulas e não posso recorrer ao editor eletrônico ou à versão eletrônica do Volp (<http://www.academia.org. br/nossa-lingua/busca-no-vocabulario?sid=23>). Sim, eu confesso: também não perco tempo tentando decorar todas as regras de uso do hífen...

## APÓSTROFO

O apóstrofo é um indicador de que houve uma cisão ou contração entre elementos das palavras. São dois os casos principais em que o utilizamos no português brasileiro:

a.  quando juntamos as palavras "santo" e "santa" ao nome próprio subsequente, como ocorre em "Sant'Ana" (de "Santa Ana") ou "Sant'Iago" (de "Santo Iago");

b.  em algumas composições já consagradas em que uma vogal é suprimida, como em "mãe-d'água", "estrela-d'alva", "pau-d'arco", "pau-d'óleo", "pau-d'alho".

Há, ainda, outros usos do apóstrofo, mas que são tão restritos e específicos em grafias antigas que, possivelmente, passemos toda a vida lendo sem nos deparar com um deles. É um exemplo disso o tipo de composição em que ocorre um pronome ou um conectivo cindido a um segundo pronome que se refere a uma divindade, como em "A Escritura revelou-m'O", que significa que "A Bíblia revelou uma divindade (Deus, Jesus, o Santo Espírito) a mim (me)". Então, vamos deixá-los quietos, pois andam perdendo a competição por W.O.

★

Com o apóstrofo, encerramos os diacríticos utilizados diretamente nas palavras. Agora, vamos passar aos demais sinais utilizados na escrita para sua organização e composição, sem lidar mais com questões da escrita correta das palavras, mas sim da escrita correta do texto. Não pecamos em dizer que o uso destes – dos sinais de pontuação e dos demais sinais – é bem mais complexo do que deste primeiro conjunto de que tratamos até aqui. Portanto, é hora de ainda mais atenção na leitura. Vamos lá?

## SINAIS DE PONTUAÇÃO: A PONTUAÇÃO E A FALA

Como já vimos aqui, quando falamos, utilizamos uma quantidade muito grande de recursos, recursos esses que vão muito além das palavras. Um dos nossos principais recursos na fala é a melodia com que as palavras e frases são pronunciadas. É principalmente por meio da melodia (também chamada de "entonação") que damos a saber se o que estamos falando é uma afirmação, uma pergunta, uma exclamação de ódio ou de terror, uma ironia, enfim, qual é o sentido geral que aquela combinação de palavras deve receber de quem a ouve. A essa melodia, juntam-se nossa expressão facial, gestos, postura corporal e, muitas vezes, até a roupa que estamos vestindo ou algo que está acontecendo ao nosso redor, todos esses, elementos que utilizamos para construir um cenário interpretativo para o que foi dito.

Na escrita, como podemos fazer isso? Na verdade, não podemos. Pelo menos, não com essa riqueza de detalhes. Mas podemos dar algumas indicações primárias do que queremos que nossa escrita signifique. Podemos contar com o semantismo próprio das palavras, de uma boa construção do texto e acrescentar um conjunto de diacríticos que permitam que saibamos, por exemplo, se aquilo que está escrito deve ser entendido como uma pergunta, se é uma explicação, se é uma tentativa de ironia. É para essas indicações primárias que servem os sinais de pontuação e os demais sinais que temos para indicar questões de ordem discursiva e da organização sintática do texto.

Alguns desses sinais, como aqueles que indicam a tipologia básica da sentença e, com isso, seu sentido geral, são bem mais fáceis de aprender quando nos anos escolares iniciais. Por exemplo, se temos simplesmente a seguinte sequência de palavras: "Paulo chegou de ônibus hoje à tarde" e não temos mais nenhuma informação contextual ou cenarial, não conseguimos saber se isso é uma pergunta, uma informação afirmativa, uma exclamação. E é relativamente simples ensinar isso a crianças em processo de letramento: "quando você quiser que isso seja entendido como uma pergunta, por exemplo, use um ponto de interrogação ("Paulo chegou de ônibus hoje à tarde?"), quando quiser que seja entendido como uma afirmação, use um ponto-final ("Paulo chegou de ônibus hoje à tarde.").

Mas, como fazer, quando adentramos o campo da organização sintática da frase e precisamos marcar isso com vírgulas, por exemplo? A criança terá que dominar a sintaxe dos períodos simples e compostos da língua para conseguir utilizar a vírgula conscientemente. Fácil? Não! Impossível! A organização sintática da língua somente pode ser compreendida por crianças que já passaram da fase concreta da cognição e já adentraram no período em que conseguem lidar com abstrações. Isso ocorre, mais ou menos, lá pelos 11 ou 12 anos de idade, ou seja, quando elas já deixam de ser crianças. A isso, precisamos somar a necessidade de a escola ter feito seu trabalho de forma rigorosa e eficiente, ou seja, de a criança já ter dominado conceitos morfológicos de base e ser capaz de aplicá-los na análise da estrutura sintática do que ela está escrevendo. Muito complexo! Isso será dominado parcialmente, caso a escola seja muito eficiente e o aluno muito estudioso, lá pelo ensino médio. Enfim, por que razão tão pouca gente sabe usar corretamente a vírgula? Porque são pouquíssimas as pessoas que dominam a análise sintática complexa do português.

Então, como podemos ver, usar os sinais de pontuação com correção é mais fácil em relação aos sinais de natureza fonológico-semântica do que em relação aos sinais indicadores da estrutura da frase. É preciso compreender isso para saber *quando* e *o que* podemos ensinar aos alunos, e isso em função de seu desenvolvimento cognitivo e escolar.

Para entender isso em sua complexidade e riqueza de detalhes, precisamos retomar alguns conceitos básicos e, depois, tratar de cada sinal um a um. É o que passamos a fazer.

## Sinais de pontuação e a organização da escrita: periodização e paragrafação

A menos que tenhamos um talento literário comparável ao de José Saramago, vamos precisar dos sinais de pontuação para dar a entender com mais precisão aquilo que estamos escrevendo. Além disso, há um tipo de organização do texto que nos ajuda a perceber seu desenvolvimento.

A primeira forma de organização do texto escrito é chamada de periodização, ou seja, a organização da escrita em períodos. Por meio dela, nós identificamos e separamos com sinais de pontuação os *períodos sintáticos*, isto é, as estruturas sintáticas completas e suficientes.

Um período pode ser composto por uma única frase (a palavra "frase" é bem mais comum no uso escolar básico brasileiro) e, aí, se confunde com ela: é o chamado *período simples*. Consideramos que um período é simples quando ele apresenta um único verbo ou uma única frase nominal (uma frase simples sem verbo). São exemplos de período simples: "Proibido pisar a grama", "João come biscoito todo dia" e "Não gosto de doce de mamão".

Também, podemos ter períodos compostos por várias frases verbais ou nominais, o que, aliás, é bem mais comum no uso cotidiano da língua. Um período assim é chamado de "período composto" e, embora seja muito fácil de produzir oralmente, pois faz parte do nosso uso corriqueiro da língua baseado em nossa gramática internalizada, é bem difícil de analisar sintaticamente. A maior parte dos períodos deste livro, por exemplo, é de períodos compostos.

Na escrita, um período se inicia com uma letra maiúscula (o que é uma indicação do início da estrutura sintática) e termina com um sinal de pontuação de tipo fonológico-semântico como, por exemplo, o ponto-final (.), o de interrogação (?) ou o de exclamação (!) – isso quando esses pontos indicam o final do período, pois não é sempre que o fazem. Já a organização interna das partes constituintes do período (os chamados *sintagmas*) é indicada pela ausência de pontuação ou pelo uso da vírgula e do ponto e vírgula.

Além da organização da escrita em períodos, também usamos outro recurso gráfico para indicar de que maneira estamos organizando nossa escrita, que é o recurso da *paragrafação*. Um parágrafo é organizado em torno de um *ponto temático*. Criamos um novo parágrafo na escrita a cada vez que nosso texto avança um ponto temático, quando avançamos um ponto no *conteúdo* que estamos escrevendo. Ou seja: enquanto a periodização do texto escrito é feita com base na *estrutura sintática*, a paragrafação do texto é feita com base na *progressão do conteúdo* que se apresenta.

O parágrafo é marcado com um recuo em sua primeira linha, recuo este que depende de padrões formais estabelecidos em cada tipo de escrita. Nos editores de texto mais comuns, por exemplo, o parágrafo é dado com a tecla TAB e, geralmente, equivale a 1,5 cm. Mas, em documentos específicos, o recuo pode ser definido com medidas diferentes. Na escrita manual que as crianças fazem em seus cadernos escolares, podemos sugerir que usem "um dedinho" como medida do parágrafo. O que importa, realmente, é que esse recuo seja capaz de indicar visualmente que ali está iniciando um novo parágrafo, ou seja, que a apresentação do tema vai avançar um ponto temático.

A paragrafação também não é algo simples de aprender, embora prescinda de conhecimentos sintáticos profundos. É preciso treinar com os alunos a divisão do conteúdo do texto em parágrafos e isso não uma única vez: dezenas e dezenas de vezes, sistematicamente, de diversas formas que incluem, por exemplo, a organização esquemática do conteúdo previamente à escritura do texto, a criação de quadros conceituais e a divisão de textos (propositadamente "unificados") em parágrafos, segundo a progressão temática do conteúdo (o professor fornece aos alunos um texto complexo do qual ele retirou a divisão em parágrafos, para que eles definam onde os parágrafos devem ser estabelecidos).

A periodização e a paragrafação dão, portanto, a "feição" geral de nosso texto. Elas facilitam muito a compreensão do conteúdo que está ali escrito e são parte importantíssima do aprendizado da escrita da língua. Porém, a periodização (tanto a separação dos períodos quanto sua organização interna) é bem mais influente que a paragrafação quando se trata de compreender o texto. Por isso, precisamos dedicar mais tempo ao aprendizado dos sinais de pontuação. Vamos a eles.

*Os tipos de diacríticos presentes em nossa escrita e seus usos*

## Sinais de pontuação de natureza fonológico-semântica

O primeiro conjunto de sinais de pontuação de que vamos tratar é justamente aquele que afirmei ser de mais fácil aprendizado pelos alunos dos anos iniciais. Esses sinais procuram indicar primariamente a melodia com que devemos ler os períodos (por isso são de natureza fonológica) e o sentido geral da frase em que são usados (por isso são, também, de natureza semântica). Alguns desses sinais, como é o caso do versátil ponto-final, também acabam assumindo outros usos "menos nobres", mas não menos importantes, que precisamos conhecer. Esse conjunto é formado pelos seguintes sinais de pontuação:

a.  ponto-final (.);
b.  ponto de interrogação (?);
c.  ponto de exclamação (!);
d.  reticências (...);
e.  dois-pontos (:).

Cada um desses sinais, dependendo do que queremos indicar com eles, pode ser usado sozinho ou conjugado com outros sinais, como veremos adiante. Porém, devemos compreender que eles precisam ser compreendidos em consonância com o conteúdo semântico do que está escrito. Um ponto não indica "sozinho" que se trata de uma pergunta, afirmação ou ironia. Ele trabalha em conjunto com as palavras do período, com o conteúdo expresso. É dessa complexa junção que conseguimos obter o sentido mais exato do que se escreveu.

## PONTO-FINAL

O ponto-final é o mais versátil dos sinais de pontuação e, por isso, o mais utilizado em outras funções, como em abreviaturas e outras marcações gráficas. Embora ele seja sempre relacionado a períodos afirmativos, nem sempre é assim. Por incrível que pareça, podemos usar o ponto-final até para fazer perguntas. Como é isso? Vamos ver.

### PONTO-FINAL DE PERÍODOS

Quando utilizado para indicar o final do período, o ponto-final pode apresentar diferentes interpretações. Vejamos algumas delas:

a.  Indicar uma afirmação direta ou uma negação direta, como em:
    *João tem 10 anos.*
    *Antônio é professor de Matemática.*
    *Não queremos ir para a masmorra.*
    *Nunca participei de qualquer esquema de corrupção.*

Vale observar que o fato de haver uma afirmação ou uma negação diretas não garante em nada a *veracidade* do que se diz. A veracidade do que se diz, aliás, não pode ser garantida por nenhum tipo de sinal de pontuação existente até hoje.

b.  Indicar que há uma pergunta indireta contida no período:
    *Quero saber quem quebrou o vaso da sala.*
    *Precisamos conhecer o autor dessa obra agora.*
    *Não sossego enquanto você não disser seu nome.*

c. Indicar uma ordem ou sugestão:
*Vá ao mercado e traga dois quilos de batata.*
*Limpe a cozinha após terminar seu almoço.*
*Não ligue seu computador hoje.*
*Você poderia fazer um curso de informática.*

Esses, entre outros usos fonológico-semânticos, são bem comuns para o ponto-final. É quase impossível fazer um levantamento detalhado e minucioso de todos os usos para ele. Porém, precisamos notar que cada uma dessas sentenças não tem uma melodia "linear" como se costuma dizer. Nem as interrogativas apenas sobem no final ou as exclamativas têm aquele "susto" fonológico no fim. Isso é uma simplificação tosca que ocorre em algumas gramáticas e livros didáticos, mas sem fundamento científico. Na verdade, há uma grande modulação da melodia ao longo da sentença. Estudos detalhados realizados por Teles e eu na década inicial de 2000 – publicados em 2008 no livro *Gramática do brasileiro: uma nova forma de entender nossa língua* – demonstraram que a curva melódica de qualquer sentença da língua portuguesa (e de várias outras línguas abordadas nesses estudos) é muito complexa. Um ponto que podemos destacar é que toda sentença tem um "pico" melódico sobre a palavra que consideramos o foco temático do que se está dizendo. A pontuação tradicional não tem como representar isso, mas podemos mostrar aqui de forma grosseira usando maiúsculas. Vamos retomar uma das frases dadas anteriormente como exemplos:

"Vá ao mercado e traga dois quilos de batata."

O que é mesmo que se está enfocando nessa sentença? Assim como está escrita, não temos como saber. Se fosse na fala normal, saberíamos, pois a melodia nos informaria sobre isso. Vamos imaginar algumas situações em que uma mãe dá essa ordem ao seu filho. O elemento focal do conteúdo será colocado com maiúsculas e você pode tentar reproduzir a frase falando com uma incidência de foco na palavra marcada. Será um exercício interessante para perceber como isso funciona:

> *Situação 1*: A mãe mandou, o filho não quer ir e a mãe repete a ordem:
> **VÁ** ao mercado e traga dois quilos de batata.

> *Situação 2*: A mãe deu a ordem e o filho perguntou se podia ser na feira. A mãe repete a ordem:
> Vá **AO MERCADO** e traga dois quilos de batata.

> *Situação 3*: A mãe deu a ordem e o filho entendeu "dez" quilos. Ela repete:
> Vá ao mercado e traga **DOIS** quilos de batata.

> *Situação 4*: A mãe deu a ordem e o filho não entendeu o que era para comprar. Ela ressalta:
> Vá ao mercado e traga dois quilos **DE BATATA**.

Podemos, facilmente, imaginar como essas frases são ditas em cada situação, não é mesmo? Isso de marcar o foco temático da uma sentença é fácil e natural de se fazer quando falamos, mas, como disse, não há meios de marcar essas coisas na escrita comum. Nem mesmo podemos saber se a mãe estava falando irritada ou pacientemente, se ela fez cara feia ou se estava rindo, se ela gesticulou ou não.

Pois bem, isso vale para qualquer sentença e para o uso de qualquer sinal de pontuação fonológico-semântico. Então, é bom que esqueçamos aquela coisa de que a interrogação sobe no final, de que a exclamação dá um susto em quem lê ou de que o ponto-final é "morno" e tem uma entonação retilínea. Essas coisas não passam de folclore escolar.

Porém, o ponto-final é usado em outras situações que precisamos conhecer. Vamos ver.

## PONTO-FINAL DE ABREVIATURAS E OUTROS USOS

Outro uso bem comum para o ponto-final é a marcação de abreviaturas. E, aqui, precisamos separar três ocorrências que usamos em nossa escrita e que provocam uma confusão danada na cabeça da maioria das pessoas: abreviaturas, símbolos e siglas. Para facilitar a compreensão, montamos um quadro-resumo que permite comparar as três ocorrências e suas características:

| Características / Tipo | Abreviaturas | Símbolos | Siglas |
|---|---|---|---|
| O que é? | É a forma diminuída de escrita de uma ou mais palavras. Por exemplo, ao invés de escrever "Vossa Senhoria", podemos optar por "V.Sa." em certas situações. | É uma forma de usar uma ou mais letras para representar padrões de medida, elementos químicos e outros elementos de uso científico. Por exemplo, ao invés de escrever "quilômetro", podemos usar "km", ao invés de escrever "hidrogênio", podemos usar "H". | É o resultado da união de letras (geralmente iniciais) de um nome próprio para facilitar a identificação de uma instituição ou produto. Por exemplo, ao invés de escrever "Sistema Único de Saúde", podemos usar "SUS". |

*Guia de acentuação e pontuação em português brasileiro*

| Como é formado? | É padronizada pela ABL. Nem toda palavra pode ser abreviada. Existem abreviaturas definidas para um certo conjunto de palavras. | Trata-se de convenções internacionais caso a caso e são adotados em todo o mundo. | É definida pelos criadores dos produtos ou pelos dirigentes das instituições, ou quem de direito. |
|---|---|---|---|
| Existe um padrão? | Sim. Esse padrão não pode ser modificado à revelia da ortografia definida em lei. | Sim. Esse padrão não pode ser modificado à revelia das instituições que normatizam seu uso. | Não. A criação de siglas depende do nome a ser reduzido e da sonoridade da junção final. Muitas vezes, são contratadas pessoas especializadas em *marketing* para a criação de uma boa sigla empresarial, por exemplo. |
| Leva ponto ao final? | Sim. Toda abreviatura leva ponto-final em cada palavra abreviada. Veja: "V. Exa.", "prof.", "dr.". | Não. | Não. |
| Diferencia letras maiúsculas de minúsculas? | Sim. Segue normalmente o mesmo padrão de maiúsculas e minúsculas que se utilizaria para escrever a palavra inteira. | Depende do padrão adotado. Símbolos métricos, por exemplo, utilizam letras minúsculas ("h" = hora, "m" = metro, "l" = litro, "kg" = quilograma). Símbolos de elementos químicos utilizam maiúsculas iniciais e, quando for o caso, uma segunda letra minúscula (O = oxigênio/ He = hélio) | De praxe, todas as siglas deveriam ser escritas apenas com letras maiúsculas. Mas, isso não é uma regra imutável. Há siglas que já nascem com minúsculas (como CNPq = Conselho Nacional de Desenvolvimento Científico e Tecnológico) e outras que, com o passar do tempo, acabam sendo encaradas como nomes próprios e escritas apenas com inicial maiúscula (como ocorreu com Petrobrás = Petróleo Brasileiro Sociedade Anônima) |

## Os tipos de diacríticos presentes em nossa escrita e seus usos

| | | | |
|---|---|---|---|
| Tem forma plural? | Sim. E se deve observar a terminação da abreviatura. Por exemplo, a palavra "professor" termina com a consoante "r", assim como a abreviatura. Para fazer o plural, precisamos acrescentar uma vogal "e" para o masculino e uma vogal "a" para o feminino. Assim, temos os plurais "prof.es" e "prof.as". | Não. Independentemente da quantidade indicada. Uma hora é "1h", mil horas é "1.000h". Um metro é "1m", um milhão de metros é "1.000.000m". Isso vale para qualquer símbolo. Veja a fórmula da água: "$H_2O$". São dois os átomos de hidrogênio, mas o símbolo não vai para o plural. | Não. Isso vale para qualquer sigla, inclusive de outras línguas. Por exemplo, CD é a sigla de *compact disc*. Assim, temos "1 CD" ou "100 CD" (nunca "CDs"!). DVD é sigla de *digital video disc*. Portanto temos temos "1 DVD" e "1.000 DVD" (nunca "DVDs"). Da mesma forma, PCN é a sigla correta de "Parâmetros Curriculares Nacionais" (não existe a sigla "PCNs"! Aliás, o próprio nome já está no plural). Outro exemplo comum é a sigla ONG (organização não governamental). Para esta, temos: "Uma ONG" e "Mil ONG" (Nunca "ONGs"). |
| Tem variação de masculino e feminino? | Algumas têm, outras não. É preciso consultar o padrão caso a caso. Por exemplo, "dr." é masculino e tem a forma feminina "dr.a". "prof." é a forma masculina (não existe prof.o) e a forma feminina é "prof.a". Já "V. Exa." (Vossa Excelência) é usada para se referir a homens ou mulheres indiferentemente. | Não. A leitura se dá em função do gênero do nome original que está representado por símbolos. | Não. A própria sigla define se a leitura será dada em masculino ou feminino e, geralmente, seguindo o nome completo que foi transformado em sigla. |

*Guia de acentuação e pontuação em português brasileiro*

| Pode ser utilizado em qualquer situação sem exceção? | Não. Em certas situações seu uso é considerado deselegante e a forma por extenso é mais bem aceita. "Querido professor, poderia me receber hoje para tirar dúvidas sobre a matéria?" é mais elegante que "Querido prof., poderia me receber hoje?" | Não. Depende da possibilidade de compreensão do que se está escrevendo. Se o texto, por exemplo, não utiliza qualquer algarismo, prefere-se a forma escrita da palavra ao invés do símbolo: "Você sabe a que horas o João vai chegar?" é melhor do que "Você sabe a que h o João vai chegar?" | Não. Há certas situações, certos tipos de documentos em que é necessário colocar o nome da instituição por extenso. |
|---|---|---|---|

Observe como a questão do plural das siglas é especialmente desrespeitada, inclusive por pessoas que têm a língua portuguesa como seu instrumento de trabalho. Quando utilizamos um indicador de plural ao final de uma abreviatura, esse indicador é acrescido tal e qual à palavra original. Assim temos "prof." (professor) e "prof.$^{es}$" (professores), "Exa." (Excelência) e "Exa.$^s$" (Excelências) etc. Se esse indicador fosse possível nas siglas, ele seria igualmente acrescido às palavras originais. Veja no que daria: ONG (Organização Não Governamental)/ONGs (Organizaçãos Nãos Governamentals). Absurdo!

Além da marcação em abreviaturas, pontos-finais são utilizados, por exemplo, para a separação de certos elementos de uma sequência metódica, como ocorre nas referências bibliográficas e nas numerações de títulos, subtítulos ou outros elementos de documentos científicos, de leis, contratos etc. Veja os exemplos:

1. Em referências bibliográficas:

BOLCH, Pedro. *Voz e Fala da Criança: no lar e na escola.* 2ª ed. Rio de Janeiro: Editorial Nórdica, 1985.

CAGLIARI, L. C. *Elementos de Fonética do Português Brasileiro.* São Paulo: Paulistana, 2007.

> **2.** Em leis, como neste trecho da Constituição Federal:
>
> > "Art. 6°. São direitos sociais a educação, a saúde, o trabalho, a moradia, o lazer, a segurança, a previdência social, a proteção à maternidade e à infância, a assistência aos desamparados, na forma desta Constituição. (Redação dada pela Emenda Constitucional n° 26, de 2000.)
> >
> > Art. 7°. São direitos dos trabalhadores urbanos e rurais, além de outros que visem à melhoria de sua condição social:
> >
> > I – relação de emprego protegida contra despedida arbitrária ou sem justa causa, nos termos de lei complementar, que preverá indenização compensatória, dentre outros direitos"
>
> **3.** Em documentos científicos, como em:
>
> > *"4.3.2. Os elementos formais do contrato social*
> >
> > Quanto aos elementos formais do contrato social, podemos citar..."
> >
> > e
> >
> > "Tabela 6. Progressão das taxas de juros Selic no período 2000-2017.
> >
> > | blá | blá | blá | blá |
> > | --- | --- | --- | --- |
> > | blé | blé | blé | blé |

Como pudemos ver, é bem versátil esse tal de ponto-final. Aliás, de "final" mesmo, ele tem muito pouca coisa. Por isso mesmo, os professores sentiram necessidade de criar uma diferenciação para o ponto-final, que é muito usada nos ditados tradicionais: "ponto-seguido" e "ponto-parágrafo". Você deve se lembrar bem disso! E como é interessante essa ideia de que o ponto-"final" pode ser seguido na mesma linha ou seguido por outro parágrafo! Então, não é "final", não é mesmo? É apenas um indicador de separação, de organização das coisas. Assim, podemos pensar o ponto-final também como um *sinal organizador*. Quem sabe se um melhor nome não seria "ponto-organizador"? Mas, como isso não depende de nós e como nossa conversa sobre pontuação mal começou, vamos continuar.

## PONTO DE INTERROGAÇÃO

O ponto de interrogação (?) é o indicador de que a sentença que ele encerra deve ser encarada como uma pergunta. Como já dissemos aqui, ele não indica que o final da sentença deve ser lido com uma elevação de voz, mas que aquela sentença contempla uma pergunta em si. Tampouco, é capaz de indicar qual é o foco temático da pergunta. Isso é coisa que temos que descobrir pelo contexto ou pelo cenário da leitura.

A escrita do espanhol leva uma vantagem sobre a escrita do português em relação ao ponto de interrogação. Ele contempla um ponto de interrogação invertido no início da pergunta (¿) que já nos indica, antes de iniciarmos a leitura, que se trata de uma sentença interrogativa. Na nossa escrita, só ficamos sabendo disso quando chegamos ao final da sentença e, quase sempre, já começamos sua leitura como se fosse uma afirmação. Por isso, é sempre bom conhecer o texto com antecedência antes de uma leitura em voz alta.

*Os tipos de diacríticos presentes em nossa escrita e seus usos*

O uso do sinal de interrogação costuma ter função de separador de períodos, mas também pode ser visto entre parênteses, no meio das sentenças, indicando uma dúvida pontual sobre algo:

a.  Separando períodos:

> "João virá esta noite para nossa casa? Se virá, temos que avisá-lo para trazer um cobertor."

b.  Como forma de expressão de uma dúvida pontual, especialmente em textos mais informais:

> "João comprou um iPhone7 novo por quinhentos reais (?) e acha que o produto não é roubado... Pior ainda é que ele está defendendo o vendedor."

No caso do exemplo acima, quem escreveu a sentença questiona o valor demasiadamente pequeno da compra de um aparelho que custa milhares de reais.

Assim como quaisquer outros sinais de pontuação, o ponto de interrogação, em certos contextos, se permite a usos criativos que extrapolam as normas ortográficas. Por exemplo, em um poema, ele pode ser utilizado de forma livre, sem qualquer restrição ou consequência na periodização, para indicar a dúvida do poeta sobre todas as coisas que ele afirma:

### *Dúvida? duvida?*

Eu? ando duvidando de tudo?
Pois o tudo? que me parece nada?
Desse mundo? que me? parece imundo?
Me? faz não-eu? ou eu? ou um mundo? ou um nada?

Outra coisa que devemos perceber é que a interrogação não é sempre uma sentença desprovida de conteúdo assertivo. Muitas perguntas são repletas de afirmações que, muitas vezes, têm caráter agressivo ou ardiloso. Por exemplo, a sentença interrogativa:

> "Por que você roubou a chave da minha escrivaninha?"

Carrega a pesada afirmação de que foi mesmo o destinatário da pergunta quem roubou a chave. Outras perguntas menos diretas podem conter insinuações igualmente pesadas, como:

> "Você sabe quem roubou a chave da minha escrivaninha?"

e podem ser encaradas como uma insinuação de envolvimento ou de ocultação de uma informação que deveria ser compartilhada.

Como podemos ver, perguntas não são sentenças inocentes. O velho bordão televisivo "Perguntar não ofende" não é de todo verdadeiro. Muitas vezes, perguntar ofende mais do que uma afirmação direta, pois pode revelar falta de confiança, ardilosidade, malícia.

## PONTO DE EXCLAMAÇÃO

Há muitas formas e motivos de exclamação na vida real. Exclamamos de medo, de pânico, de alegria, de surpresa, de susto, de ódio, de felicitação, de amor, de prazer, enfim, por uma infinidade de razões e com uma infinidade de entonações que, infelizmente, são todas representadas por um único sinal de pontuação. É próprio pensar, portanto, que este sinal (!) não dá conta, sozinho, de separar as diferentes formas de compreensão e de verbalização da escrita em que aparece.

Assim como ocorre com os demais sinais de pontuação, precisamos do conteúdo semântico das palavras da sentença, do restante do contexto e, muitas vezes, do cenário que criamos a partir do texto que estamos lendo para compreender o valor de uma exclamação. Algo como "Caramba!" não pode ser compreendido na escrita independentemente do contexto em que isso aparece. Afinal, do que se trata? Susto? Alegria? Prazer? Admiração? Bem, é impossível descobrir como ler, como entender e como pronunciar essa sentença sem saber em função de que ela ocorre. Não basta aumentar o tom de voz para indicar a exclamação até porque, em certos sentidos, como em um caso de terror, pode ser que a palavra fosse pronunciada de forma sussurrada, tremida, tímida.

Essa compreensão é importante para que não sejamos tentados a ensinar nossos alunos a ler a exclamação de forma única e artificial. Isso é ruim não apenas pela leitura oral em si, uma prática ainda bem comum nos primeiros anos escolares, para pela própria compreensão do texto e da utilização desse sinal de pontuação.

Assim como ocorre com os demais sinais, o ponto de exclamação também se presta a usos criativos, bem como assume a mesma liberdade de escopo que o ponto de interrogação, por exemplo, podendo referir-se ao período todo ou a elementos pontuais:

a.   Separando períodos:

> "João chegou de Brasília! Hoje, vamos ter churrasco e comemoração!"

b.   Como forma de expressão de uma exclamação pontual, especialmente em textos mais informais:

> "João comprou trinta (!) quilos de carne para o churrasco desta noite. Quero saber quem vai comer tudo isso..."

Como podemos ver, no exemplo acima, não é o fato de João ter comprado carne e nem mesmo o churrasco que causam a exclamação, mas a quantidade de carne que foi adquirida.

## RETICÊNCIAS

As reticências são usadas em duas situações principais em nossa escrita:

a.   com finalidade fonológico-semântica, indicando, por exemplo, ironia, expectativa, dúvida, silêncio e hesitação, entre outros sentidos possíveis, geralmente, com consequências na periodização;

b. como indicador de continuidade textual, seja antecedente, intermediária ou sucedente.

No primeiro caso, o uso das reticências é bem criativo e livre. Podemos ver alguns exemplos com indicações da forma de compreensão pretendida:

> **Ironia**
> "Como esse sujeito é educadinho..."
>
> **Expectativa**
> "Isso era tudo o que eu mais queria na vida..."
>
> **Dúvida**
> "Bem, pelo menos, foi o que o João disse..."
>
> **Silêncio**
> "–Você vem para minha festa?
> – ...
> – Já entendi. Não vem!"
>
> **Hesitação**
> "Eu... bem... não sei direito se... não sei se consigo..."

É evidente que esses não são os únicos sentidos possíveis para o uso de reticências, que, como disse, se prestam a muita criatividade na escrita. O outro uso é, porém, mais metódico e se presta a indicar que textos citados tem continuidade, ou seja, que apenas uma parte de interesse está sendo utilizada na citação. Veja:

*Guia de acentuação e pontuação em português brasileiro*

> **Para indicar texto antecedente:**
> "... para tudo o que queremos fazer na vida, sem medo de fazer."
>
> **Para indicar texto intermediário:**
> "Isso tudo pode ser acertado... seguindo-se os interesses das partes do contrato."
>
> **Para indicar texto sucedente:**
> "É nesse aspecto, exatamente, que se aplica o disposto no Artigo 3º da Constituição e em casos análogos..."

Algumas pessoas costumam usar reticências no lugar de "etc." ao final de listagens e outras sequências. Trata-se de um uso estranho e de difícil compreensão, pois não sabemos se a pessoa está ironizando, duvidando, criando uma expectativa, enfim. Nossa sugestão é que se prefira "etc." ou "entre outros" ao final de listagens e outras sequências para indicar que ainda há outros elementos que poderiam ser citados, mas que não o serão. Isso facilita bastante a leitura e a compreensão do texto, uma vez que o uso de reticências é muito mais difuso e permite interpretações indesejadas nesses casos.

## DOIS-PONTOS

O sinal de dois-pontos (:) tem quatro finalidades básicas em nossa grafia portuguesa:

a. indica que se dará início a uma explicação, aposição ou citação;

b. indica que se dará início a uma listagem, enumeração ou sequência;

Os tipos de diacríticos presentes em nossa escrita e seus usos

c. antecede a apresentação de uma fala em diálogos;
d. em certos usos específicos de padrões da metodologia científica.

No primeiro uso, os dois-pontos não obrigatoriamente serão seguidos por um parágrafo ou "troca de linha". Em casos de citações mais extensas (acima de 3 linhas), porém, a metodologia recomenda um parágrafo específico nos moldes de citação. Temos como exemplos:

> "De verdade, eu só queria isso: que você me deixasse em paz!" (caso de aposição)
>
> "Muitos dos homens que trabalham no porto são geleiros: aqueles que comercializam ou produzem gelo para os pescadores proprietários dos barcos de pesca." (caso de explicação)
>
> "Isso é exatamente como dizia o grande filósofo russo Quiproquóvisk: "Ou a gente vai, ou a gente vai, porque quem não vai fica e quem foi é porque não ficou." (caso de citação curta)
>
> "Tomemos, portanto, uma definição genérica de categoria para o início de nossa conversa. Em Houaiss e Villar (2001), encontramos que uma *categoria* pode ser entendida como:
>
>> "1 conjunto de pessoas ou coisas que possuam muitas características comuns e podem ser abrangidas ou referidas por um conceito ou concepção genérica; classe, predicamento; [...]"
>
> (Caso de citação longa, de acordo com as especificações metodológicas padronizadas conforme o modelo de documento adotado.)

Em seu segundo uso, os dois-pontos iniciam listagens, enumerações ou sequências. Vejamos:

> **Em listagens:**
>
> "A poção da bruxa era, na verdade, bem comum nos seus ingredientes: asa de morcego, perna de aranha, rabo de lagartixa, pelo de gato preto, lágrimas de vampiro e outras tantas coisas que qualquer bruxa de esquina sabe usar muito bem."
>
> **Em enumerações e sequências, com os elementos sempre separados por ponto e vírgula. Nesse uso, se vê os dois-pontos comumente utilizados em textos legais, como nos dois exemplos a seguir (mas não apenas neles):**
>
> "Art. 3º O ensino será ministrado com base nos seguintes princípios:
> I – igualdade de condições para o acesso e permanência na escola;
> II – liberdade de aprender, ensinar, pesquisar e divulgar a cultura, o pensamento, a arte e o saber;
> III – pluralismo de ideias e de concepções pedagógicas;
> IV – respeito à liberdade e apreço à tolerância;..." (Lei Federal 9394/96)
>
> "Art. 1º A República Federativa do Brasil, formada pela união indissolúvel dos Estados e Municípios e do Distrito Federal, constitui-se em Estado Democrático de Direito e tem como fundamentos:
> I – a soberania;
> II – a cidadania;
> III – a dignidade da pessoa humana;
> IV – os valores sociais do trabalho e da livre iniciativa;
> V – o pluralismo político." (Constituição da República)
>
> **Na representação de diálogos em discurso direto:**
>
> "Foi então que o João esperneou:
>
> – Não quero saber quem bateu no carro! Quero saber é quem vai pagar o conserto!"

Veja que, no exemplo acima, a fala é apresentada por uma sentença introdutória. Caso o diálogo ocorra diretamente, fala seguindo-se a fala, os dois-pontos são prescindíveis, como no exemplo a seguir:

> "– Eu não quero que você dê mais desculpas sobre isso!
>
> – Mas não são desculpas! É a pura verdade!
>
> – É a verdade só para você... Nenhuma outra pessoa envolvida aceita essa sua conversa mole...
>
> – Um dia eu vou provar que vocês estão todos errados, mas aí já vai ser tarde demais..."

Nos usos específicos da metodologia científica, os dois-pontos podem ser usados, se recomendado pelo padrão adotado, por exemplo, para:

---

**Separar o ano de uma obra citada da página em que a citação está, como em:**

"Como diz Correia (2015:35), "tudo isso não passa de entretenimento de baixo valor estético.""

**Nas referências bibliográficas, para introduzir uma obra da qual uma parte foi citada, para separar o local de edição do nome da editora, para separar o título do subtítulo de uma obra ou, ainda, para indicar uma data ou local de consulta de material da internet, por exemplo:**

CORREIA, M. A. "A estética sem estética". In: *Discussões sobre a estética moderna*. São Gonçalo: Ed. Gonçalense, 2015. (separando a parte citada da respectiva obra e separando o local de edição do nome da editora)

FERRAREZI JR., C. *Guia do Trabalho Científico: do projeto à redação final (monografia, dissertação e tese)*. São Paulo: Contexto, 2011. (separando o título do subtítulo de uma obra, além de separar o local de edição do nome da editora)

SILVA, João (2000). *Tudo o que se precisa saber sobre o amor*. Disponível em: <http://www.amoramil.com.br>. Acesso em: 15 ago. 2003. (introduzindo local e data de consulta de material da internet)

---

Estes são apenas três dos usos existentes para os dois-pontos em padrões metodológicos científicos. Há outros que são especificados nos manuais concernentes e que não caberia citar aqui. Para uma consulta detalhada sobre o tema, recomendamos consultar um guia completo de metodologia científica.

★

Em seu sentido geral, como pudemos ver, os dois-pontos são um sinal de abertura, de apresentação, de introdução. Eles anunciam que algo está por vir, algo que se relaciona ao elemento anterior. Assim, eles se permitem a usos criativos também, de acordo com as necessidades expressivas de quem está escrevendo.

## USO CONJUGADO DE MAIS DE UM SINAL FONOLÓGICO-SEMÂNTICO

Muitas vezes, as pessoas que escrevem sentem a necessidade de conjugar mais de um sinal de pontuação de natureza fonológico-semântica para indicar os sentidos complexos, as sensações múltiplas que algum conteúdo representado possa exigir.

Essa conjugação criativa de sinais de pontuação não é proibida. Apenas se recomenda que ela seja usada com parcimônia e nos documentos escritos que admitem seu uso. Penso como ficaria estranho se nossa Constituição Federal, por exemplo, tantas vezes desprezada, fosse repleta de exageros nos sinais de pontuação para indicar a importância das coisas que ali estão. Algo como "Todo cidadão tem direito à vida!!!!!!!!!!!!!!" ou "Todo cidadão tem direito à liberdade de

Os tipos de diacríticos presentes em nossa escrita e seus usos

expressão!!!!!!!???????" seriam formas de colocar em xeque a própria autoridade do documento. É que a natureza mais essencial de uma constituição republicana é ser terminativa no que apresenta. Quando a Constituição diz que alguém tem um direito, isso é dado como um simples "ponto-final" e o assunto está encerrado (ou deveria estar, pelo menos, teoricamente...). Assim, o texto constitucional não deve ser repleto de emoções e subjetivismos.

Mas, quando escrevemos uma postagem em redes sociais, um emeio para um amigo ou um texto literário, não há problema algum em conjugar pontuação e, às vezes, até em exagerar um pouquinho. Assim, podemos representar espanto e dúvida com "!?", espanto e desconfiança com "!...", dúvida e ironia com "?...", muito espanto com "!!!" e muita dúvida com "???" ou, ainda, fazer qualquer outra combinação criativa que acreditemos que expresse os sentimentos e sensações que queremos que nosso leitor entenda como estando relacionadas àquilo que está escrito. Como disse, não há nada que proíba esses usos além da adequação à natureza do que se está escrevendo, da cortesia (exclamações juntas, por exemplo, podem ser entendidas como "gritos" descorteses) e do bom senso.

## Sinais de natureza estruturante

Além de indicar os sentidos gerais e os focos temáticos daquilo que dizemos por meio da entonação da fala e de outros recursos, como já vimos aqui, também usamos esses sinais para dar indicações precisas da estrutura sintática da sentença que construímos, mesmo que não tenhamos consciência disso. Essa, talvez, seja uma das questões mais complicadas dos estudos linguísticos e da produção da escrita. E, por isso, precisamos ter calma ao abordar isso aqui.

Nossa gramática internalizada, aquela que rege a nossa fala cotidiana e que usamos sem saber que usamos e, até, sem saber que sabemos, possui recursos perfeitamente adequados para mostrar como a estrutura de nossa fala está organizada. Isso significa que temos formas padronizadas para dizer coisas na ordem mais comum da língua e que também temos formas melódicas precisas para mostrar que fizemos alterações nessa estrutura mais comum. Como disse, fazemos isso quando falamos, automaticamente, sem sequer saber ou notar que fazemos. É algo em que não precisamos pensar. Por exemplo, quando fazemos uma inserção de complementos adverbiais entre os elementos nominais de uma estrutura subjetiva, temos um jeito específico de falar a frase. Tente imaginar como você pronunciaria esta sentença:

> "O João, hoje mesmo, aquele tonto, vai levar a dele por ter me traído!"

Você viu que temos uma forma específica de pronunciar essa frase de maneira que nosso ouvinte sabe que "hoje mesmo" não é parte do sujeito e não é parte do nome do João (o João não se chama "João Hoje Mesmo"). Falamos a frase de uma maneira que a pessoa que nos ouve percebe (mesmo sem ter consciência disso) que "hoje mesmo" é um complemento adverbial, é algo que está ali entre "O João" e "aquele tonto", somente para indicar o tempo, ou seja, "quando" "o João vai levar a dele".

*Os tipos de diacríticos presentes em nossa escrita e seus usos*

Isso, como disse, é tudo automático na fala e não precisamos nos preocupar, pensar, planejar a pronúncia, a entonação que vamos dar para ser entendidos. Mesmo as crianças menores que já falam a língua dominam esses recursos, que são básicos no sistema. Mas, e quando escrevemos? Aí a coisa complica! E por que complica? Porque, quando escrevemos, não temos todos os recursos disponíveis que temos na fala e, para piorar, precisamos ter consciência da estrutura frasal, isso se queremos pontuar corretamente. Para dar conta de informar ao nosso leitor sobre a estrutura que montamos na escrita, existem sinais de pontuação que servem exatamente para marcar se a estrutura sintática do que está escrito está na ordem mais comum da língua, se há inversões, inserções, coordenações etc. Esses sinais são a vírgula (,) e o ponto e vírgula (;), além daqueles sinais que servem à periodização. Mas, então, como saber isso se não se sabe análise sintática?

Esse é justamente o maior problema para o aprendizado do uso da vírgula (e do ponto e vírgula). Para poder usar correta e conscientemente esses sinais de pontuação, a pessoa precisa dominar a análise sintática do português, precisa ter consciência da estrutura sintática do que está sendo escrito. E, aí, há dois complicadores a considerar:

1. a língua escrita é muito diferente da língua falada. Assim, não podemos seguir a melodia, as "respirações" e as pausas naturais da língua falada como padrões para a marcação estrutural da língua escrita; e

2. o ensino de sintaxe no Brasil é historicamente pífio, ineficiente e baseado em memorização de exemplos que "caem na prova". A grande maioria dos alunos sai da educação básica sem conhecer sequer os rudimentos da análise sintática e, assim, por consequência, sem saber usar vírgula e ponto e vírgula.

Mas vamos falar de cada um desses complicadores separadamente.

Talvez, no desespero de conseguir ensinar vírgula precocemente[*] ou para pessoas que não sabem análise sintática básica, criou-se uma das maiores sandices da gramática brasileira que é dizer que a vírgula corresponde a uma "pequena pausa" ou "pequena respiração" na leitura. Isso é de uma infantilidade técnica que não consigo descrever em palavras aqui. Basta tomar um exemplo para ver como isso é ingênuo. Por favor, leia a sentença a seguir respirando em cada vírgula:

> "Mamãe, meu amor, comprarei, hoje mesmo, para você no mercado: maçã, batata, feijão, óleo, rúcula, farofa, tomate, espinafre, ovos, doces, pães, tudo fresquinho, tudo de primeira!"

A aplicação das vírgulas está correta no exemplo. Mas, como ficou a sua leitura? Ridícula, não é mesmo? Claro que sim, porque não é com pausas e respirações

---

[*] Sim, precocemente, pois a maioria dos usos da vírgula é abstrata e, portanto, inalcançável para o aprendizado por crianças que não passaram ainda da fase concreta da cognição. O aprendizado das estruturas sintáticas de base, que só é possível, para crianças com faculdades cognitivas típicas, a partir dos 11 ou 12 anos, é requisito *sine qua non* para a aplicação consciente da vírgula. Querer ensinar isto antes daquilo é pura perda de tempo.

que indicamos coordenações e outras alterações na ordem mais comum da língua. É com a entonação. E isso é coisa que fazemos de uma forma muito sutil, uma forma que apenas um sistema auditivo altamente especializado para a compreensão da fala humana pode captar. E a entonação, muitas vezes, prescinde de pausas e respirações em exemplos como o que acabamos de dar.

Embora essa sandice tenha "apenas" o efeito indesejado de causar ridículo na leitura, ela tem um efeito bem mais funesto na hora da escrita. Como cada aluno brasileiro ouve repetidamente que "a vírgula é uma pausa" e que "a vírgula é uma pequena respiração", quando ele começa a escrever, a cada vez que ele faz uma pausa para pensar, a cada vez que o lápis descansa expectante sobre o papel, o que o aluno faz? Isso mesmo: coloca uma vírgula. Deu pausa, deu vírgula; respirou, virgulou. E, quase sempre, como não poderia deixar de ser, se trata de uma vírgula indevida, inadequada, mal utilizada.

Esse aluno não tem consciência do uso estruturante da vírgula, não tem consciência de que a língua escrita é muito diferente da língua falada (tampouco de que são recursos diferentes que estão em uso em cada caso) e apenas tenta colocar no papel, na prática, um conceito equivocado que aprendeu na escola. Nós fazemos pausas ou respiramos na leitura *em função do sentido do conteúdo*, que é revelado pela entonação, *e não em função de vírgulas ou quaisquer outros sinais de pontuação*. Bem, o fato é que essa explicação maluca e sem fundamento que relaciona vírgulas a "pausas" e a "respirações" do texto precisa ser banida da escola básica. E rapidamente.

Mas, na sequência da vida escolar, o aluno – obediente, deve-se dizer! – começa a colocar vírgulas nos lugares errados, um monte delas! Ele vira o "rei da vírgula errada" e, então, a escola tenta consertar as coisas fazendo-o copiar dezenas de regras de uso da vírgula que ele não compreende, regras do tipo "não se separa com vírgula o sujeito de seu respectivo verbo", "não se separa com vírgula o verbo de seu respectivo complemento" e por aí vai. Mas de que adianta essa montoeira de regras recheadas de termos técnicos e em linguagem difícil para alguém que não sabe o que são o "sujeito", o "verbo" nem o "complemento verbal"? É "só" por isso que ele nem entende as regras que copiou nem é capaz de aplicá-las na escrita.

O segundo ponto, que decorre do que dissemos no final do parágrafo anterior, é que um curso consistente de análise sintática do português brasileiro precisa ser bem feito por qualquer pessoa que tenha a pretensão de saber usar conscientemente os sinais estruturantes de pontuação do português e isso, obviamente, antes de se ensinar essa pontuação estruturante.[*] Ou seja, antes de querer que o aluno aprenda a usar a vírgula, precisamos ensinar a ele como analisar a estrutura sintática do que ele está escrevendo. E, pelo que já sabemos, esse ensino da estrutura sintática deve acontecer lá do oitavo ou nono ano escolar para frente, até o final do ensino médio. Isso implica que

---

[*] Foi justamente pela preocupação que temos com isso que escrevemos *Sintaxe para a educação básica*, publicado pela Contexto. Trata-se de um livro com um método passo a passo que ajuda a compreender, de forma mais lógica e fácil, a estrutura sintática básica de nossa língua, abolindo definitivamente o padrão superficial de memorização de modelos.

*Os tipos de diacríticos presentes em nossa escrita e seus usos*

tentar, antes disso, aplicar todos os usos da vírgula aos alunos não apenas é inútil como é danoso, pois cria hábitos viciados (como o de colocar vírgula no texto cada vez que se para para pensar no que escrever).

É evidente que não seria cabível, neste livro, apresentar um curso básico de análise sintática. Para isso existem obras específicas. Vamos apresentar apenas os rudimentos da utilização da vírgula e do ponto e vírgula e citar os casos em que devem ser usados. Caso isso não seja suficiente para o leitor compreender em profundidade o que esses sinais de pontuação fazem em nossa escrita, qual é a função deles, recomendamos que se tire tempo para estudos sintáticos mais completos. Então, vamos a esses conceitos básicos?

## A ORDEM CANÔNICA
## DO PORTUGUÊS BRASILEIRO

O primeiro aspecto que temos que ressaltar é que falamos, aqui, dos usos dos sinais estruturantes considerados "regulares", não dos usos criativos. Em uma obra literária, por exemplo, um escritor/poeta poderá fazer da vírgula o que bem entender, inclusive não usar nenhuma, arcando com as consequências estéticas – e para a leitura da obra – que decorram de suas escolhas. Mas, quando falamos de textos que seguem o padrão normatizado de escrita da nossa língua, os preceitos aqui descritos se aplicam.

Toda língua tem uma ordem sintática preferencial, estatisticamente mais comum, chamada de "ordem canônica". No caso do português brasileiro, essa ordem é representada pela fórmula linguística SVO, que significa que

**83**

nossa sequência sintática preferencial é [sujeito → verbo → complemento verbal]. Na prática, uma frase como "O gato bebeu o leite" é um exemplo perfeito de uma estrutura SVO em que "O gato" é o sujeito, "bebeu", o verbo e "o leite" funciona como complemento verbal (objeto). Outras línguas podem ter ordens canônicas diferentes, ou seja, estruturas preferenciais diferentes da do português, como era o caso do latim clássico, por exemplo, que era uma língua SOV [sujeito → complemento verbal → verbo]. Porém, precisamos conhecer mais profundamente essa ordem canônica do português e ver quais os elementos compõem cada uma dessas estruturas.

A primeira coisa que precisamos notar é que cada uma das posições sintáticas básicas que compõem a estrutura do português pode ser ocupada por um *termo simples* ou por uma oração que equivalha sintaticamente a ele. Ou seja, na posição de sujeito, por exemplo, podemos ter um sujeito de estrutura "simples" (uma estrutura sintagmática simples como "João", "Este carro", "Alguém", "O meu pai" etc.) ou uma oração, uma estrutura bem mais complexa, funcionando como o sujeito ("Quem comer bolo quente vai ficar doente". No caso desse exemplo, toda a estrutura "Quem comer bolo quente" está funcionando como se fosse o sujeito para o verbo "vai ficar". É como se "Quem comer bolo quente" estivesse no lugar de "Alguém": "Alguém vai ficar doente."). Essa equivalência entre "termos simples" e "orações" se aplica a praticamente todos os termos existentes no português. Assim, a aplicação de pontuação estruturante deve ser observada com base nos mesmos

*Os tipos de diacríticos presentes em nossa escrita e seus usos*

princípios, tanto para um período simples (com uma única frase, seja ela verbal ou nominal) como para um período composto (com mais de uma frase, sejam elas verbais ou nominais).

A segunda característica sintática a considerar é que temos, no português, basicamente duas formas de relacionamento entre as partes de uma frase: subordinação e coordenação. Quando existe uma relação de subordinação, isto é, quando um termo nuclear manda em um termo periférico, existe uma relação direta de domínio entre o núcleo e as partes da frase que esse núcleo subordina. Nos casos dessa relação de subordinação, pode, inclusive, haver necessidade de concordância, ou seja, o núcleo sintático determinar que as partes que concordam com ele repitam suas peculiaridades morfológicas. Essa exigência de concordância acontece, em português, apenas entre nomes e termos ligados a eles, pois, *apenas o nome pode ser base de concordância* e pode exigir concordância de outras palavras em português:

a. **entre um nome e seus adjuntos (o nome vai sublinhado):** "o menino esperto", "os meninos espertos", "a menina esperta", "as meninas espertas";

b. **entre um nome e o verbo que a ele se relaciona:** "o menino estuda", "os meninos estudam", "tu estudas", "nós estudamos";

c. **entre um nome e um complemento verbal predicativo passível de concordância:** "O gato é preto.", "A menina foi atropelada.".

**85**

Mas precisamos notar que essa relação direta de subordinação ocorre entre todos os núcleos sintáticos e as partes a eles diretamente ligadas, com ou sem conectivos, com ou sem a necessidade de concordância. Em português, apenas quatro categorias lexicais funcionam como núcleos de estruturas sintáticas. São os *nomes*, os *nominais adjetivos*, os *verbos* e os *advérbios*. Vejamos, no quadro a seguir, as relações de subordinação possíveis:

| Núcleo | Termo subordinado | Exemplos (o núcleo está sublinhado) |
|---|---|---|
| nome | adjunto | o <u>gato</u> preto, minha <u>mão</u> esquerda |
| nome | complemento nominal | <u>esperança</u> de salvação, <u>fidelidade</u> à pátria |
| nome | verbo | <u>nós</u> amamos, <u>tu</u> falas |
| nome | complemento verbal predicativo | A <u>rosa</u> está perfeita, Este <u>leão</u> é enorme |
| verbo | complemento verbal | <u>comer</u> melão, <u>gostamos</u> de doce |
| verbo | complementos adverbiais | não <u>andar</u>, <u>morrer</u> de noite |
| nominal adjetivo | complemento nominal | <u>fiel</u> ao time, <u>vingativo</u> com o irmão |
| nominal adjetivo | complemento adverbial | muito <u>amargo</u>, <u>sorridente</u> demais |
| advérbio | complemento adverbial | bem <u>mais</u> (querido), muito <u>menos</u> (dispendioso) |

Todas as vezes que temos essa relação direta de subordinação ("nome + adjunto", "nome + verbo", "verbo + complemento verbal" etc.), essa relação direta de domínio sintático em sua ordem mais aceita, canônica, não devemos separar as partes relacionadas por sinais de pontuação.

A segunda forma de relação entre os elementos da estrutura sintática do português é a coordenação. A coordenação ocorre quando os termos em consideração não dominam um ao outro, mas estão em condição de *igualdade sintática* na estrutura. Nesses casos, os termos coordenados repetem as mesmas propriedade sintáticas, atuam com a mesma função, seja independentemente, seja em relação a um mesmo núcleo. *A coordenação é, portanto, uma forma de repetição de função na estrutura sintática.* Quando essa repetição ocorre, a estrutura básica "ideal" está, em certo aspecto, alterada. Assim, marcamos essa alteração com sinais de pontuação ou conectivos que indicam a repetição (como é o caso do "e"). Veja os exemplos (em que as partes coordenadas aparecem sublinhadas e sua função repetida é indicada entre parênteses):

1. "João, Maria e José chegaram atrasados à escola." (sujeito)
2. "João é lindo, querido, amado, desejado por todas as mulheres da vila." (complemento verbal predicativo)
3. "Na feira, minha mãe sempre compra tomate, cenoura e batata só com Seu João." (complemento verbal)

Assim, precisamos sempre verificar qual é o tipo de relação que está estabelecida entre os termos constituintes da frase, para saber se estamos diante de uma relação direta de subordinação ou diante de uma repetição de funções, pois isso determinará a utilização ou não de sinais de pontuação.

O terceiro aspecto a considerar é que cada um dos elementos da ordem sintática (sujeito, verbo, complemento verbal) têm uma estrutura interna própria. Ou seja, um "sujeito" não é apenas uma palavra, mas uma estrutura sintática que pode, inclusive, ser bem grande ou, até, ter uma só palavra. E precisamos conhecer essa estrutura de forma mais detalhada para poder entender onde e por que aplicar uma vírgula. Portanto, vamos ver caso a caso, pensando sempre nas possibilidades mínimas e nas possibilidades que podemos chamar de "comumente mais completas" (pois as possibilidades "máximas", em estrutura sintática, são praticamente impossíveis de prever):

## O sujeito

O sujeito, a primeira estrutura da ordem canônica, é um sintagma que tem uma palavra nominal como núcleo (ou mais de uma, funcionando em coordenação, repetindo a função). Se for uma oração funcionando como sujeito, como dissemos ser possível, o verbo é tomado como núcleo e a estrutura é totalmente diferente, seguindo os padrões próprios das frases verbais na língua. Mas enfocaremos aqui o sujeito como termo simples, isto é, como estrutura nominal. Nesse caso, as ocorrências mais comuns são de um nome relacionado a adjuntos (termos concordantes com o nome) e a complementos nominais (termos ligados ao nome por conectivo). Vejamos alguns exemplos no quadro a seguir:

| Adjunto | Adjunto | Núcleo nominal (nome) | Adjunto | Complemento nominal |
|---------|---------|-----------------------|---------|---------------------|
| Ø | Ø | eu | Ø | Ø |
| Ø | Ø | alguém | Ø | Ø |
| o | Ø | carro | Ø | Ø |
| o | meu | carro | Ø | Ø |
| o | meu | carro | azul | Ø |
| o | teu | carrinho | Ø | de feira |
| o | teu | carrinho | novo | de feira |

*Os tipos de diacríticos presentes em nossa escrita e seus usos*

Como podemos ver, as lacunas possíveis podem ou não ser preenchidas, sem problema algum. Porém, quando elas são preenchidas, se estabelece uma relação direta de domínio entre o núcleo e as partes subordinadas. Note, também, que não é comum que ocorra o complemento nominal antes do nome e que é mais comum que tenhamos dois adjuntos antes do nome do que depois deles (veja que "mais comum" não significa "impossível" ou "proibido" e que, em nenhum momento, os exemplos procuram esgotar as possibilidades sintáticas do português).

## O verbo

O núcleo verbal da frase, quando ele ocorre, pode ser ladeado (antecedido, sucedido ou ambos) por advérbios ou locuções adverbiais ("não", "nunca", "mais", "de noite" etc.). Costumeiramente, os complementos verbais vêm após o verbo. Também é comum que, após os complementos verbais, ocorram mais complementos adverbiais. Veja o quadro de estruturas mais comuns a seguir:

| Comp. Adverbial | Núcleo verbal (verbo) | Comp. Adverbial | Complemento(s) verbal (is) (ocorre com um ou dois) | Comp. Adverbial |
|---|---|---|---|---|
| Ø | morreu | Ø | Ø | hoje |
| Ø | trovejou | muito | Ø | ontem |
| não | estuda | Ø | Ø | Ø |
| não | estuda | mais | Ø | aqui |
| não | estuda | mais | piano | no conservatório municipal |
| não | deu | mais | atenção/ao pai doente | desde a morte da mãe |

Como podemos ver, o verbo pode ocorrer sozinho, com um ou dois complementos adverbiais simples (ou locuções) imediatamente antes ou depois, com nenhum, um ou mais de um complemento verbal e, ao final da sentença, com mais advérbios, sejam simples, na forma de locuções ou expressões adverbiais mais complexas. Assim, a estrutura conectada ao verbo é também bem complexa.

Quando o verbo não ocorre, temos as chamadas *frases nominais* que são organizadas em função de um ou mais núcleos nominais e que, assim, seguem as regras que aplicamos a estruturas desse tipo (estruturas nominais), como as que apresentamos anteriormente para o sujeito.

### Os complementos verbais

Os complementos verbais, sejam eles diretos, indiretos, predicativos ou agentivos (isso, realmente, pouco importa), são ligados ao verbo por subordinação e seguem as mesmas formas de estruturação que o sujeito, como apresentado. Normalmente, a estrutura "cheia" aparece com um ou dois adjuntos antes do nome (que funciona sempre como núcleo) e um adjunto após, seguido de complemento nominal. Isso vale para quando o verbo tem um e dois complementos nominais. É raro que o verbo tenha mais do que dois complementos estruturalmente distintos. Quando tem mais do que dois complementos, em geral, estamos diante de um caso de coordenação, com vários complementos estruturalmente equivalentes se repetindo (como nas listas de feira: "comprei banana, tomate, limão, repolho, maçã etc.", em que todos são complementos diretos que se repetem). Da mesma forma que fizemos com o sujeito, vamos ver um quadro de exemplos, pensando no verbo "entregar" como núcleo gerador desses complementos (em vários sentidos possíveis):

| Adjunto | Adjunto | Núcleo nominal (nome) | Adjunto | Complemento nominal |
|---------|---------|-----------------------|---------|---------------------|
| Ø | Ø | tudo | Ø | Ø |
| o | Ø | jogo | Ø | Ø |
| o | meu | livro | Ø | Ø |
| o | meu | livro | novo | Ø |
| o | meu | sentimento | amoroso | para com Maria |

Quando tivermos dois complementos verbais, o que é bastante comum na língua, essa estrutura se repete em torno dos dois núcleos nominais.

### Somando tudo

Para formarmos uma frase que poderíamos considerar como "cheia", estruturalmente canônica, teríamos os elementos descritos nos quadros anteriores todos em sequência, portanto, uma estrutura sintática canônica assim:

| SUJEITO | NÚCLEO VERBAL | COMPLEMENTOS VERBAIS | COMPLEMENTOS ADVERBIAIS |
|---------|---------------|----------------------|-------------------------|

sendo que, cada uma dessas partes, por sua vez, é formada por outros constituintes menores. Vamos ver como ficaria um exemplo "cheio" da estrutura canônica em um só quadro, com alguns exemplos frásicos:

*Guia de acentuação e pontuação em português brasileiro*

| Sujeito | Núcleo verbal | Complementos verbais | Complementos adverbiais |
|---|---|---|---|
| Adjunto + Adjunto + Nome + Adjunto + Comp. nominal | Comp. adverbial + Verbo + Comp. adverbial | (Conectivo) Adjunto + Adjunto + Nome + Adjunto + Comp. nominal | Advérbio simples, Locução ou Expressão adverbial (um ou vários) |
| O meu lindo sentimento de amor | não pulsa mais | por minha querida namorada alemã | desde que soube de sua traição. |
| Essa tua moto americana de brinquedo | não receberá mais | aquele belo prêmio internacional de colecionadores | no próximo concurso inglês. |
| Nossa alimentada esperança incansável em um novo país | não será novamente | aquela bela emoção cantada Ø | no hino de nossa pátria/ desde a independência. |
| Esse Ø sujeito danado Ø | não entregou ainda | o Ø dinheiro Ø do aluguel/para o Ø dono Ø do apartamento | conforme combinado ontem. |

É claro que esses exemplos nos parecem artificiais, e realmente o são, pois foram forjados com a finalidade de demonstrar uma estrutura sintática "cheia" que dificilmente usamos. Aliás, como já falamos sobejamente, a fala e a escrita são tão diferentes que não devemos esperar uma escrita com cara "de fala", à exceção de escritas criadas para essa finalidade explícita. Mas, por outro lado, podemos reconhecer claramente que se trata de estruturas possíveis e plenamente aceitáveis em nossa língua e que não nos causam nenhum problema de compreensão na leitura. Colocamos alguns exemplos de estrutura "cheia" e outros com lacunas vazias (ø) para que pudéssemos ver como as lacunas podem ou não ser preenchidas "ao gosto do freguês", ou seja, em conformidade com o que precisamos ou desejamos dizer.

Pois bem, como se pode notar, quando a estrutura sintática está na ordem canônica e sem repetições (sem coordenações que exijam marcação com pontuação ou conectivos), ela não receberá nenhum sinal interno de pontuação: nenhuma vírgula, nenhum ponto e vírgula. Isso porque esses sinais marcam justamente as variações que impomos à estrutura na hora de escrever, as mudanças que fazemos na ordem canônica. As frases que temos no quadro ficam assim grafadas, independentemente de quantas vezes o leitor precise respirar para as ler, de quantas pausas ou nuanças entonacionais ele faça para dar o melhor sentido e a melhor interpretação aos textos:

> 1. "O meu lindo sentimento de amor não pulsa mais por minha querida namorada alemã desde que soube de sua traição."
>
> 2. "Essa tua moto americana de brinquedo não receberá mais aquele belo prêmio internacional de colecionadores no próximo concurso inglês."
>
> 3. "Nossa alimentada esperança incansável em um novo país não será novamente aquela bela emoção cantada no hino de nossa pátria desde a independência."
>
> 4. "Esse sujeito danado não entregou ainda o dinheiro do aluguel para o dono do apartamento conforme combinado ontem."

Isso mesmo. São frases grandes, mas nada de vírgulas: tudo está em seu lugar, tudo está na ordem canônica, nenhuma função sintática está repetida. Quando, então, utilizamos as vírgulas? Vamos ver?

## VÍRGULA

A vírgula é o principal sinal de pontuação para a marcação de alterações na estrutura canônica em nossa língua. Ela é utilizada nos seguintes casos:

a. como marcador de inversões dos elementos sintáticos na ordem canônica;
b. como marcador de inserção de elementos não estruturais na ordem canônica;
c. como marcador de coordenação (podendo ser alternada com conectivos que indicam coordenação);
d. quando há inserções de explicações (como é o caso das orações explicativas).

Vejamos os casos um a um:

Marcando inversões dos elementos sintáticos na ordem canônica que, aliás, são muito comuns no português brasileiro, especialmente com complementos adverbiais e para indicar foco temático. Seguem o exemplo e as alterações que vamos realizar nele:

> 1. "Aquele jogador famoso de futebol ganhou uma fortuna com seu último contrato no começo do ano em Paris."

Nele temos:

- Sujeito – Aquele jogador famoso de futebol
- Núcleo verbal – ganhou
- Complementos verbais – uma fortuna/com seu último contrato
- Complementos adverbiais – no começo do ano/ em Paris

Tudo está na ordem canônica, nada está repetido por coordenação, não há nada além dos elementos estrutu-

*Os tipos de diacríticos presentes em nossa escrita e seus usos*

rais inseridos. Isso implica que não há vírgulas. Mas agora vamos fazer algumas alterações para ver como as vírgulas devem marcá-las. Vamos começar com os complementos adverbiais, jogando um para o início da sentença (o que é comuníssimo em português brasileiro) e outro ao lado do verbo. Note como, nesse exemplo, o verbo "ganhar" assume uma transitividade complexa: é bitransitivo, ou seja, assume dois complementos verbais ("ganhar <u>alguma coisa</u> <u>com algo</u>", como em: "ganhar dinheiro com jogos", "ganhar vantagens com pontos de cartão", "ganhar uma fortuna com um contrato" etc.).

1. Aquele jogador famoso de futebol ganhou uma fortuna com seu último contrato <u>no começo do ano em Paris</u>.

> <u>Em Paris</u>, aquele jogador famoso de futebol, <u>no começo do ano</u>, ganhou uma fortuna com seu último contrato.
>
> <u>No começo do ano</u>, aquele jogador famoso de futebol ganhou, <u>em Paris</u>, uma fortuna com seu último contrato.

Vamos mudar, agora, a posição do segundo complemento verbal:

1. Aquele jogador famoso de futebol ganhou uma fortuna <u>com seu último contrato</u> no começo do ano em Paris.

> <u>Com seu último contrato</u>, aquele jogador famoso de futebol ganhou uma fortuna no começo do ano em Paris.

Agora, vamos mudar de ordem um complemento verbal e um complemento adverbial:

1. Aquele jogador famoso de futebol ganhou uma fortuna <u>com seu último contrato</u> no começo do ano <u>em Paris</u>.

> <u>Com seu último contrato</u>, <u>em Paris</u>, aquele jogador famoso de futebol ganhou uma fortuna no começo do ano.

Viu como funciona? A vírgula virá sempre para indicar que algo está deslocado da ordem canônica. O restante, que permanece na ordem correta, continua sem vírgula.

E o que podemos deslocar? Tudo o que a manutenção do sentido permitir. Na fala, como estamos usando de outros recursos adicionais, conseguimos fazer deslocamentos maiores, cisões no discurso que são retomadas posteriormente, repetições desnecessárias etc., sem perder o sentido do que falamos. Na escrita, que é um sistema muito mais enxuto, muito reduzido em termos de recursos, essas "manipulações" são mais restritas e devem ser feitas com mais cuidado.

Essas inversões valem para orações. Lembre-se que dissemos que os termos simples podem ser substituídos naturalmente por orações. Vamos tomar o mesmo exemplo anterior e inserir nele algumas orações no lugar dos termos simples:

1. Aquele jogador famoso de futebol ganhou uma fortuna <u>com seu último contrato</u> <u>no começo do ano</u> em Paris.

Vamos trocar o segundo complemento verbal "com seu último contrato" por uma oração que vai funcionar aqui como completiva verbal: "por assinar um novo contrato". Também vamos trocar o complemento adverbial de tempo "no começo do ano" por uma oração adverbial com o mesmo sentido: "quando o ano começou". Agora temos a seguinte frase:

2.   Aquele jogador famoso de futebol ganhou uma fortuna <u>por assinar um novo contrato</u> <u>quando o ano começou</u> em Paris.

Tudo continua na ordem canônica, mesmo que tenhamos agora três orações com seus respectivos três verbos. Trata-se de um período composto, portanto. Então é hora de mudar a ordem desses elementos e marcar essas mudanças com a vírgula:

> <u>Quando o ano começou</u>, aquele jogador famoso de futebol, <u>por assinar um novo contrato</u>, ganhou uma fortuna em Paris. (Oração adverbial deslocada para o início do período e oração completiva verbal deslocada para antes do núcleo verbal.)
>
> <u>Por assinar um novo contrato</u>, aquele jogador famoso de futebol ganhou, <u>quando o ano começou</u>, uma fortuna em Paris. (Oração completiva verbal deslocada para o início do período e oração adverbial deslocada para a posição entre o núcleo verbal e o primeiro complemento verbal.)
>
> <u>Quando o ano começou</u>, aquele jogador famoso de futebol ganhou uma fortuna, <u>em Paris</u>, por assinar um novo contrato. (Oração adverbial deslocada para o início do período e complemento adverbial inserido entre o primeiro complemento verbal e a oração que funciona como segundo complemento verbal).

Assim como ocorreu com as alterações de ordem dos termos simples, aqui também ao mudarmos as orações de sua ordem canônica. As vírgulas serão aplicadas para indicar que essas alterações foram impostas à estrutura. Mas, como você pôde ver, é preciso ter consciência da estrutura que se está produzindo para que seja possível usar a vírgula também conscientemente.

Na fala, usamos costumeiramente elementos de natureza discursiva que não pertencem à estrutura sintática das frases. Esses elementos servem, entre outras coisas, para estabelecer ou confirmar a comunicação entre os interlocutores. Alguns desses elementos, como o vocativo e a linguagem fática, acabam vindo parar na escrita. Como eles são "soltos" da estrutura sintática da frase, precisam ser "isolados" por vírgulas. Vamos analisar o exemplo a seguir:

3. João comeu toda a panela de doce de abóbora esta noite!

Aqui, temos um período simples: apenas um verbo ("comeu") e tudo está em seu devido lugar. Portanto, nada de vírgulas. Mas vamos inserir alguns elementos discursivos que, portanto, não pertencem à estrutura sintática: um vocativo ("Marcelo") e um elemento de linguagem fática ("né?"). Vamos ver como a vírgula marca isso:

*Os tipos de diacríticos presentes em nossa escrita e seus usos*

Marcelo, o João comeu toda a panela de doce de abóbora esta noite!

O João comeu, Marcelo, toda a panela de doce de abóbora esta noite!

O João comeu toda a panela de doce de abóbora, Marcelo, esta noite!

O João comeu toda a panela de doce de abóbora esta noite, Marcelo!

Marcelo, o João comeu toda a panela de doce de abóbora esta noite, né?!

Marcelo, o João comeu, né?, toda a panela de doce de abóbora esta noite!

O João comeu, Marcelo, toda a panela de doce de abóbora, né?, esta noite!

Como esses elementos discursivos ("Marcelo", "né?") não fazem parte da estrutura sintática, eles podem ser inseridos em quase qualquer lugar da sentença (aliás, na fala, às vezes, os repetimos várias vezes em uma mesma sentença!). Mas, toda vez que são inseridos, são "isolados" por vírgulas. O mesmo ocorre no período composto.

4. Você sabe quando o ônibus que sai de São Paulo às nove chega no Rio?

Temos aqui um período com três verbos ("sabe", "sai", "chega"), portanto, um período composto. Nele, vamos inserir um vocativo ("João") e um elemento de linguagem fática ("hein?") e ver como fica a pontuação:

*Guia de acentuação e pontuação em português brasileiro*

> João, você sabe, hein?, quando o ônibus que sai de São Paulo às nove chega no Rio?
>
> Você sabe, João, quando o ônibus que sai de São Paulo às nove chega no Rio, hein?
>
> Você sabe, hein?, quando o ônibus que sai de São Paulo às nove, João, chega no Rio?
>
> Hein? Você sabe quando o ônibus que sai de São Paulo às nove chega no Rio, João?

Embora os elementos de linguagem fática sejam de uso mais restrito que o vocativo em alguns ambientes de escrita, a regra de utilização de vírgula é a mesma para ambos.

Outros elementos de natureza discursivo-textual são aqueles que ocorrem no começo de um período para fazer ligação com o período ou com o parágrafo anterior. São *operadores textuais* presentes na escrita e que também devem ser isolados por vírgula. Esses operadores textuais são bem comuns na escrita para dar a sensação de "ligação", de "continuidade", às várias partes do texto, seja entre períodos, seja entre parágrafos. São os comuns: "como visto", "porém", "então", "por isso", "como dissemos", "portanto" entre outros. Vejamos alguns exemplos:

5. João não gosta de se alimentar bem. <u>Portanto</u>, é evidente que vai ficar doente.

6. Usar a vírgula não é coisa simples. <u>Porém</u>, qualquer um que se esforce acaba aprendendo.

7. blá, blá, blá ...acabará destruindo o mercado financeiro. <u>Como visto</u>, os problemas estruturais da nação são mais complexos do que... blá, blá, blá (Neste caso, com parágrafo)

*Os tipos de diacríticos presentes em nossa escrita e seus usos*

Outro caso de uso de vírgulas é quando ocorre coordenação na estrutura, ou seja, repetição de funções. Creio que esse é o mais fácil de ensinar para as crianças da educação básica, pois demanda menor conhecimento da estrutura sintática e pode ser feito mais com base intuitiva. É o que ocorre, por exemplo, nas "listas" (e podemos usar o nome "lista" para ensinar as crianças menores) e no aposto (que é um termo coordenado a um nome). Nesses casos, o uso da vírgula pode ser alternado com conectivos que indiquem coordenação. Vamos ver alguns exemplos:

8.  <u>Antônio, Maria e José</u> são filhos da Dona Cotinha. (Três elementos coordenados na função de sujeito);

9.  Dona Cotinha comprou <u>limão, caju, banana, abacaxi e melancia</u> na banca do João na feira. (Cinco elementos coordenados na função de complemento verbal);

10. O <u>João, o dono da banca de frutas da feira</u>, disse que a Dona Cotinha é uma freguesa excelente. (O nome ("João") e o aposto ("o dono da banca de frutas da feira") estão coordenados na função de sujeito);

11. O que eu gosto mesmo de comer de manhã é <u>mamão, laranja, granola, pão integral</u>. (Quatro elementos coordenados na função de complemento do verbo "é")

A mesma regra de aplicação da vírgula se aplica à coordenação entre orações, uma vez que orações coordenadas apresentam a mesma função sintática:

*Guia de acentuação e pontuação em português brasileiro*

12. O homem nasce, cresce, trabalha e morre. (O homem nasce. O homem cresce. O homem trabalha. O homem morre.);

13. Ele comeu muito à noite, mas continua fraco. (Ele comeu muito à noite. Ele continua fraco);

14. O país vai mal, pois as indústrias continuam demitindo e os empregos continuam raros. (O país vai mal. As indústrias continuam demitindo. Os empregos continuam raros.);

15. João só cumprimenta quem ganha muito, quem tem carro zero e quem tem alto cargo na empresa. (Três orações coordenadas funcionando com complementos do verbo "cumprimentar").

O último caso de aplicação da vírgula ocorre quando inserimos explicações na estrutura, o que acontece, principalmente, quando temos orações explicativas. Porém, cuidado para não confundir esses casos com estruturas coordenadas apositivas. Vamos ver alguns exemplos:

16. O cachorro, que é um mamífero, está sujeito a diversas afecções próprias dessa classe de animais.

17. Os elementos químicos envolvidos, os quais são de difícil consecução, acabam deixando o preço do produto muito elevado.

18. Esse sujeito envolvido na tramoia, cujo pai também era um trambiqueiro, apenas está seguindo a tradição da família.

Quando usamos a vírgula na escrita da metodologia científica (por exemplo, para fazer referências bibliográficas), notamos que os mesmos princípios que são aplicados no texto comum reaparecem:

a.  indicação da inversão no nome próprio;
b.  coordenação dos nomes de vários autores;
c.  coordenação de informações sobre a obra.

Assim é que temos usos como:

> SILVA, João da. *Como usar a vírgula*. Catanduva, SP: Editora Catanduvaia, 2007.
> SILVA, João da, Silvano, José e Silvada, Maria. *Como usar os sinais de pontuação*. Catanduva, SP: Editora Catanduvaia, 2008.

Mas, sobre esses usos técnicos da metodologia científica, convém, como dissemos anteriormente, sempre consultar um manual próprio para os detalhes caso a caso.

Como pudemos observar, nos textos em prosa (o que podemos, aqui, chamar grosseiramente de "textos comuns") não temos dezenas de casos de uso de vírgula, como pretendem alguns gramáticos, mas apenas quatro (alterações na ordem canônica, inserção de elementos discursivos e operadores textuais, coordenação e inserção de estruturas explicativas). A questão primordial a compreender é que, para dar conta desses "só" quatro casos, a pessoa precisa dar conta de toda a estrutura sintática da língua escrita (creio que essa afirmação está mais clara para o leitor a esta altura da explicação), o que não pode ser, de forma alguma, cobrado de crianças nos anos iniciais de estudo.

Um bom revisor de textos (o que inclui um bom professor de português), por exemplo, tem essa detecção da estrutura como parte de seu cotidiano. A coisa fica automática, simples, patente aos olhos na primeira leitura. E, mesmo assim, até para esses profissionais, acaba escapando ocasionalmente uma vírgula "respiratório-asmática", indevida, errada. Mas isso não se dá com os estudantes da educação básica: eles não conhecem a estrutura sintática da língua escrita e não lidam com essa análise diariamente. E, pelo que foi visto aqui, não vai adiantar ficar insistindo com dezenas de regras de uso da vírgula, "macetes" milagrosos e dicas "poderosas". Poderíamos nos contentar com as vírgulas dos alunos nas listas mais simples e nos vocativos e deixar que eles ficassem sem vícios para quando tivessem condições de aplicar a vírgula conscientemente. É mais fácil aprender a fazer certo uma vez do que ter que consertar uma vida inteira de hábitos errados malformados.

## PONTO E VÍRGULA

O ponto e vírgula é um marcador de coordenação e indica sua ocorrência:

a. entre orações de sentido muito próximo que não justifiquem a utilização de um ponto-finalizador; e

b. entre elementos de uma enumeração.

*Os tipos de diacríticos presentes em nossa escrita e seus usos*

Este último é o uso mais comum e mais fácil do ponto e vírgula. Esse sinal é, inclusive, muito usado nas enumerações de incisos (indiciados com algarismos romanos) e alíneas (indiciadas com letras) em textos legais, como nestes exemplos da Constituição da República:

> "Art. 29. O Município reger-se-á por lei orgânica, votada em dois turnos, com o interstício mínimo de dez dias, e aprovada por dois terços dos membros da Câmara Municipal, que a promulgará, atendidos os princípios estabelecidos nesta Constituição, na Constituição do respectivo Estado e os seguintes preceitos:
>
> I – eleição do Prefeito, do Vice-Prefeito e dos Vereadores, para mandato de quatro anos, mediante pleito direto e simultâneo realizado em todo o País;
> II – eleição do Prefeito e do Vice-Prefeito realizada no primeiro domingo de outubro do ano anterior ao término do mandato dos que devam suceder, aplicadas as regras do art. 77, no caso de Municípios com mais de duzentos mil eleitores;
> III – posse do Prefeito e do Vice-Prefeito no dia 1º de janeiro do ano subsequente ao da eleição;
> IV – número de Vereadores proporcional à população do Município, observados os seguintes limites:
>
> a) mínimo de nove e máximo de vinte e um nos Municípios de até um milhão de habitantes;
> b) mínimo de trinta e três e máximo de quarenta e um nos Municípios de mais de um milhão e menos de cinco milhões de habitantes;
> c) mínimo de quarenta e dois e máximo de cinquenta e cinco nos Municípios de mais de cinco milhões de habitantes; [...]"

Note que, como não é considerado um sinal finalizador de período, o uso de dois-pontos não enseja uso de letra maiúscula subsequente, mesmo que, na enumeração, seja aberto um novo parágrafo. Porém, não é obrigatória a abertura desse novo parágrafo nas enumerações. Podemos ter usos como:

*Guia de acentuação e pontuação em português brasileiro*

> "Temos que considerar três elementos concomitantes quando falamos da periculosidade e do potencial destrutivo de um tornado: 1. a velocidade dos ventos e consequente categoria do fenômeno; 2. o relevo pelo qual ele passará; e 3. a ocupação humana em seu percurso."

Da mesma forma que nos usos anteriores, neste caso, também não se aplica letra maiúscula subsequente ao ponto e vírgula.

Já o primeiro uso citado demanda mais experiência e conhecimento sintático de quem está escrevendo. Trata-se da separação de orações coordenadas que não sejam suficientemente independentes para abrir um novo período, mas que, ao mesmo tempo, não seria adequado que ficassem elas separadas apenas por vírgula. É evidente que esse critério não é objetivo nem rigoroso e, por isso mesmo, não pode ser levado a ferro e fogo. Na maioria das vezes, onde se usa um ponto e vírgula para separar orações, se poderia utilizar um ponto-finalizador sem causar qualquer estranheza ao leitor. Por isso, na dúvida, recomendo que se opte por um ponto-finalizador. Vejamos alguns casos:

> 1. "João não considera sua mãe uma boa pessoa; eu já penso que ela é sim uma criatura amável."
>
> 2. "No Brasil era assim: tudo acabava em pizza; e, se não acabava, começava."
>
> 3. "Com esse professor, não estudou, fracassou; estudou, fracassou também."

**106**

Vale notar que existe sempre uma coordenação entre as partes separadas por ponto e vírgula, mas uma coordenação que guarda grande proximidade de conteúdo das partes justapostas. Porém, como dissemos, não há um critério objetivo e rigoroso que obrigue a aplicação do ponto e vírgula nesses casos e se pode optar por outro sinal de pontuação mais incisivo.

Passemos, agora, ao último conjunto de diacríticos que utilizamos em nossa escrita, esses com uma funcionalidade mais discursiva do que estruturante.

## Outros sinais que auxiliam na organização do texto: diacríticos de indicação discursiva

Finalmente, chegamos ao último conjunto de sinais que utilizamos além das letras. Eles servem basicamente para nos dar algumas indicações sobre a natureza do conteúdo que está sendo escrito. Vejamos.

### ASPAS

Aspas indicam que o conteúdo que está sendo escrito:

a.    deve ser entendido de uma forma diferenciada;

b.    deve receber uma atenção especial do leitor;

c.    é uma citação, ou seja, não é de autoria de quem está escrevendo;

d.    é uma palavra estranha à língua portuguesa.

Vejamos exemplos de cada caso:

Quando usamos as aspas para que uma parte da escrita seja entendida de uma forma diferenciada, podemos indicar que estamos tecendo ali uma ironia, um exagero, uma contradição etc. Observe os exemplos:

> 1. Como é "limpinho" esse sujeito, não é mesmo? (ironia)
>
> 2. Você já me falou isso "um milhão" de vezes! Chega! (exagero)
>
> 3. Meu "amor" por você me dá vontade de te matar. (contradição)

Para destacar uma palavra ou frase, ou seja, para indicar que esse trecho da escrita deve receber uma atenção especial do leitor, por qualquer razão que seja, também podemos usar aspas:

> 1. Devemos ver que os "diacríticos" são elementos muito importantes na escrita do português. (chamar a atenção para um termo técnico)
> 2. Saiba que a parte mais importante da fórmula é deixar o produto descansar por "doze horas". (chamar a atenção para um detalhe específico)
> 3. Que ressaltar que, de nosso ponto de vista, o que o réu cometeu foi um "crime qualificado". (chamar a atenção para uma conclusão)

Neste uso das aspas como indicador de atenção, os recursos modernos de escrita já nos permitem utilizar a fonte inclinada, o *itálico*, no lugar das tradicionais aspas, de forma a não ensejar uma confusão entre o primeiro uso aqui citado e este.

Também usamos para indicar que o texto entre aspas não é de autoria de quem está escrevendo, ou seja, é uma citação direta. São exemplos desse uso:

> 1. ... como bem ressalta SILVA (2017), "nem tudo o que reluz é ouro, nem tudo o que está na água é peixe".
>
> 2. "Sem qualquer indicação de sobriedade, brio ou orgulho pátrio" é a forma como SILVA (2017) descreve o ato de proclamação da independência brasileira de Portugal.

Finalmente, podemos usar as aspas (ou, mais modernamente, o itálico) para indicar que é uma palavra estranha à língua portuguesa, ou seja, que se trata de uma palavra estrangeira:

> 1. "Data venia", meu caro promotor, preciso dizer a Vossa Excelência que tal afirmação é absurda e desprovida de causalidade.
>
> 2. João foi escolhido como consultor "ad hoc" do Comitê Científico da nossa revista.
>
> 3. Acho que vou ter que adquirir um novo "software" de edição de textos para nossa gráfica.

Como já explanamos anteriormente, o que determina se uma palavra é oficialmente da língua portuguesa é sua inclusão no Volp. Não estando no Volp, a palavra não é, ainda, oficialmente portuguesa.

## TRAVESSÃO

O travessão, que não deve ser confundido com o hífen, é um indicador de que:

a.  estamos diante de uma explicação, um comentário, uma observação adicional, inseridos em uma sentença;
b.  estamos diante de uma fala diretamente transcrita (de discurso direto); e
c.  de que um item indiciado vai ser apresentado em seguida.

No primeiro caso, usamos o travessão de forma a inserir uma explicação, um comentário, uma observação no curso regular do texto. Algumas pessoas alternam esse uso com o dos parênteses, mas devemos notar que os parênteses têm um caráter mais puramente explicativo e confirmativo do que o travessão, como veremos a seguir. Agora, exemplos de uso do travessão:

1.  Tudo ia bem – pelo menos era o que João pensava – até que Maria chegou.

2.  Os alunos costumam obedecer à escola – embora muitos não percebam isso... – inclusive no que a escola ensina de errado.

3.  O João queria mesmo era casar com a Maria nessa época – mas, depois, eu falo mais disso...

Como pudemos ver, o travessão interrompe a sequência original da sentença, permite a inserção da explicação, do comentário, da observação e, posteriormente, esse tópico adicionado é encerrado com outro travessão, dando-se continuidade à sentença original sem maiúscula.

No outro caso, o travessão indica que o conteúdo que se segue é uma fala direta, como em:

> 1. "Foi então que Maria esbravejou:
>
> – Fica na sua, rapaz! Você não foi chamado na conversa!
>
> – Posso até não ter sido chamado, mas a conversa me diz respeito...
>
> – Então, espere sua vez de falar com educação! Reprovou ela com cara zangada."

Nos casos de discursos indiretos, de falas parafraseadas, o travessão não é utilizado.

Finalmente, utilizamos o travessão para dar abertura à apresentação de um item enumerado. Nesses casos, pode haver alternância com o ponto-final ou com um parêntese, em função da preferência de quem escreve. Um uso consagrado do travessão nesses casos é com *incisos* de textos legais, o que já não acontece com as *alíneas*, para as quais se recomenda o uso de um parêntese. Retomemos o exemplo que demos anteriormente da Constituição da República:

*Guia de acentuação e pontuação em português brasileiro*

> "Art. 29. [...] na Constituição do respectivo Estado e os seguintes preceitos:
>
> I – eleição do Prefeito, do Vice-Prefeito e dos Vereadores, para mandato de quatro anos, mediante pleito direto e simultâneo realizado em todo o País;
> II – eleição do Prefeito e do Vice-Prefeito realizada no primeiro domingo de outubro do ano anterior ao término do mandato dos que devam suceder, aplicadas as regras do art. 77, no caso de Municípios com mais de duzentos mil eleitores;
> III – posse do Prefeito e do Vice-Prefeito no dia 1º de janeiro do ano subsequente ao da eleição;
> IV – número de Vereadores proporcional à população do Município, observados os seguintes limites: [...]"

## PARÊNTESES

Os parênteses – ou um parêntese isolado – são utilizados nas seguintes situações:

a. para explanação ou confirmação de valores expressos em algarismos, elucidação de siglas, fórmulas ou outros elementos quaisquer que demandem explicação adicional ou confirmação (dois parênteses);

b. para inserção, no período, de uma explicação sobre algum ponto do conteúdo que foi apresentado (dois parênteses);

c. como indicador de abertura de sequências indiciadas (um único parêntese); e

d. em usos técnico-metodológicos específicos como, por exemplo, para indicação de datas e páginas de uma citação bibliográfica.

*Os tipos de diacríticos presentes em nossa escrita e seus usos*

No primeiro caso, temos usos como estes dos exemplos seguintes:

1. "Esse contrato trata de um valor de R$ 5.000,00 (cinco mil reais)."

2. "Isso foi adquirido junto ao SINDTRARUCAP (Sindicato dos Trabalhadores Rurais de Capitolina)."

3. "Isso foi adquirido junto ao Sindicato dos Trabalhadores Rurais de Capitolina (SINDTRARUCAP)."

Para adicionar uma explicação sobre algum elemento que demande uma informação adicional, os parênteses também são muito úteis. Veja:

1. "Devemos entender que o discurso (tomado aqui como segundo a visão de SILVA, 2018) não é uma construção homogênea."

2. "O assassinato de Silva (lembre-se de que o fato ocorreu em 1438) foi que ensejou o início das batalhas pelo território contíguo ao feudo dos Fernandes."

3. "Tudo isso aconteceu no verão de 1322 (ano da chegada do rei espanhol ao local), uma época especialmente quente e agradável na região."

Para dar abertura a elementos de uma sequência indiciada, um parêntese único, como dissemos, pode ser alternado com o ponto-final ou com o travessão. Em certos casos, como das alíneas de documentos legais, o uso consagrado é do parêntese. Retomamos aqui o exemplo anterior da Constituição da República:

> **1.**
>
> "IV – número de Vereadores proporcional à população do Município, observados os seguintes limites:
>
> a) mínimo de nove e máximo de vinte e um nos Municípios de até um milhão de habitantes;
>
> b) mínimo de trinta e três e máximo de quarenta e um nos Municípios de mais de um milhão e menos de cinco milhões de habitantes;
>
> c) mínimo de quarenta e dois e máximo de cinquenta e cinco nos Municípios de mais de cinco milhões de habitantes; [...]"

Finalmente, em usos técnico-metodológicos específicos, também utilizamos os parênteses para apresentar informações e referências necessárias. Veja alguns exemplos:

> 1. **Para indicar uma fonte de informação:**
> "As siglas e abreviaturas devem ser apresentadas em ordem alfabética, "seguidas das palavras ou expressões correspondentes grafadas por extenso" (ABNT, 2002c, p. 4)."

2. **Em referências bibliográficas no padrão Chicago, para indicar a data de publicação e, em qualquer padrão de referência, para apresentar outras informações como o editor, o organizador, a coleção etc.:**
"BOOIJ, G.; J. VAN MARLE, (eds.) (1996). *Yearbook of Morphology 1995*. Dordrecht, Holanda: Kluwer Academic Publishers. 196 pp."

3. **Para acrescentar referências e outras especificações:**
"Pelas normas da ABNT (NBR 14.724, de agosto de 2002), deve ser adotado o espaço duplo entre as linhas do texto, mas muitas instituições..."

4. **Para indicar ano e página de obra antes de citação:**
"Com relação à vocalização do ataque da oclusiva tepe, vejamos o que dizem Teles Maeda e Teles (2003: 229):

> A oclusiva tepe, sendo um segmento extremamente curto e frágil, necessita de um apoio vocálico para ser audível. Quando este segmento se encontra em contexto intervocálico, no interior de palavra, esta exigência já está atendida."

5. **Para indicar autor, ano e página, em citação posterior à citação:**
"Com relação à vocalização do ataque da oclusiva tepe:

> ... sendo um segmento extremamente curto e frágil, necessita de um apoio vocálico para ser audível. Quando este segmento se encontra em contexto intervocálico, no interior de palavra, esta exigência já está atendida. (TELES MAEDA e MAEDA, 2003: 229)"

Há ainda outros usos dos parênteses em termos técnico-metodológicos, mas retornamos aqui ao fato de não ser pertinente apresentar todos em um livro desta natureza, recomendando-se a consulta a um manual próprio de Metodologia Científica.

## BARRA INCLINADA

A barra inclinada – temos notado – tem sido progressivamente utilizada na escrita como indicador de alternância ou equivalência, inclusive, na construção "e/ou" cada vez mais comum em escritos de diversas naturezas.

Aqui, apresentamos alguns exemplos de uso da barra para indicar essa alternância ou equivalência:

> 1. "Não seria o caso de deixar que o Banco Central/Ministério da Fazenda definisse isso de forma mais rápida?"
>
> 2. "Podemos encarar isso como um uso atípico/anormal das propriedades do elemento químico em questão."
>
> 3. "Considero que podemos comprar um carro e/ou uma moto com o dinheiro da herança."
>
> 4. "Não espero que isso seja finalizado pela Coordenação/Supervisão ainda este mês."

Um aspecto que temos notado nos usos que encontramos da barra inclinada é que sua natureza de *alternância* ou *equivalência* mantém as expressões correlacionadas intuitivamente no singular. Ou seja, não se trata de "isso mais aquilo", mas de "isso ou aquilo" = "apenas um dos dois", por serem alternáveis ou equivalentes a um só. Como se trata de um uso não normati-

*Os tipos de diacríticos presentes em nossa escrita e seus usos*

zado (e sequer reconhecido por alguns autores), não há uma regra rígida em relação a isso, mas concordamos com o fato de que essa alternância aponta mesmo para uma concordância no singular.

★

São, portanto, esses os sinais de pontuação disponíveis para a escrita do português brasileiro. Como pudemos ver, em sua complexidade, alguns exigem mais conhecimento técnico do que a maioria costuma imaginar (o que, aliás, deveria valorizar ainda mais os trabalhos dos professores e dos revisores de textos). Como, então, ensinar isso aos alunos da educação básica? É o que passamos a ver.

# Como ensinar acentuação e pontuação

Precisamos pensar o ensino dos diacríticos em quatro blocos, da mesma forma como os apresentamos aqui:

a. acentuação gráfica;
b. sinais de pontuação fonológico-semânticos;
c. sinais de pontuação estruturantes;
d. outros sinais complementares.

No primeiro bloco, dos sinais de acentuação, com exceção da crase, os alunos precisam aprender seu uso desde as primeiras lições. Esses sinais fazem parte da ortografia das palavras, e a escrita não deve ser aprendida errada em momento nenhum. Para isso, é necessário que os professores alfabetizadores (e todos os demais) tenham em mente que nosso alfabeto é ortográfico e não fonético, que eles devem ensinar os alunos a escrever as palavras

*Guia de acentuação e pontuação em português brasileiro*

como elas são escritas e não como as pessoas as pronunciam. Em suma, que o aprendizado da escrita das palavras em um alfabeto ortográfico é realizado por memorização e não por transcrição fonética. E como se aprende isso? Usando todos os canais de memória possíveis (visual, auditivo, motor etc.), o que pode ser feito:

a.  com cópias e repetições de cópias, inclusive de palavras soltas;
b.  com jogos pedagógicos como bingos, quebra-cabeças e dominós ortográficos;
c.  com ditados tradicionais;
d.  com produção de textos que englobem uma certa dificuldade ortográfica de cada vez etc.

Esse trabalho é diário, incessante e cabe não apenas ao professor de português, mas a todos os professores da escola, de quaisquer matérias. Se todos corrigirem, ensinarem e trabalharem em conjunto, os alunos aprenderão mais rapidamente.

Do segundo bloco, que é o dos sinais de pontuação fonológico-semânticos, especialmente ponto-final, ponto de interrogação e ponto de exclamação, pode-se iniciar o ensino de forma intuitiva assim que os alunos começarem a escrever as primeiras frases, ou seja, a "meio-caminho" no processo de alfabetização. Mas esses sinais não devem ocupar a prioridade da escrita nessa fase. Devem ser ensinados com parcimônia, dando-se mais atenção à correta escrita das palavras. Com o avançar das habilidades dos alunos na escrita, começa-se a cobrar seu uso mais rigorosamente e se pode acrescentar o quarto bloco, dos sinais adicionais, que são mais simples e intuitivos de usar. Isso pode ocorrer lá pelo quarto ou quinto ano escolar, quando o aluno já escreve bem melhor, já usa a pontuação básica e já pode compreender os usos mais comuns dos parênteses, do travessão e das aspas. Nessa fase, o aluno já consegue identificar um diálogo e, por exemplo, usar os dois-pontos e o travessão para indicar que está havendo uma conversa em seu texto. Também nessa fase, o aluno pode ser apresentado ao uso da vírgula nas listagens – a apenas nelas (quando ele fizer uma lista dos brinquedos dele, por exemplo, ele já pode aprender a separar os elementos com vírgula).

Ou seja, lá pelo final do quinto ano escolar, o aluno deverá estar:

a. escrevendo as palavras comuns de seu uso corretamente. Em caso de dúvida ou de alguma palavra desconhecida, ele saberá recorrer ao Volp ou aos dicionários da escola, ao seu próprio minidicionário escolar ou, ainda, a algum corretor ortográfico digital para descobrir a ortografia da palavra;
b. utilizando a pontuação fonológico-semântica com propriedade;
c. sendo capaz de representar, quando necessário, diálogos em seu texto usando dois-pontos e travessão;
d. conseguindo usar, mesmo que rudimentarmente, parênteses e aspas.

Parece até um sonho! Mas é possível sim! Desde que as coisas sejam apresentadas e treinadas de forma correta.

Então, esse aluno vai para os estudos morfológicos a partir do sexto ano, já escrevendo muito bem e poderá, finalmente, ser apresentado ao estudo da crase, seus fundamentos e aplicação, para os quais os conhecimentos morfológicos são uma exigência.

Aliás, até aqui, ninguém apresentou a ele aquela sandice de que vírgula é "pausa/respiração pequena" e de que ponto-final é "pausa/respiração grande", tampouco ninguém ficou cobrando os usos estruturais da vírgula e do ponto e vírgula. Por isso, ele não desenvolveu vícios de escrita, especialmente os de pontuação.

Quando chegar ao nono ano (ou mesmo ao ensino médio), o professor de Português poderá ensinar a ele a sintaxe básica da língua e, finalmente, introduzir a pontuação estruturante para um aluno sem vícios de escrita, sem vícios de pontuação. E isso poderá ser feito de uma forma muito mais lógica, sem dezenas de regras e coisas inúteis que o valham, pois o aluno, finalmente, será capaz de entender o que o professor está falando, para que serve mesmo "essa tal de vírgula" quando não estamos fazendo listas.

Nessa metodologia de ensino, com essa ordenação, os alunos não têm dificuldade de aprender a utilizar os diacríticos. Tudo é apresentado na hora certa, de acordo com o desenvolvimento cognitivo e escolar das crianças e adolescentes. Fica mais fácil, mais eficiente e mais prazeroso o aprendizado, evitando-se os vícios que vemos hoje.

# Uma prosinha final

Dia desses, coincidentemente enquanto estava terminando este livro, conversei com uma professora de Português de uma escola pública que me disse:

– Professor, não estou aguentando mais ver como os alunos estão escrevendo! Não existe mais acento, eles escrevem como falam, fazendo transcrição fonética, não sabem pontuar nem uma interrogação, não escrevem coisa com coisa! O que a gente faz?

"O que a gente faz?" é a pergunta que mais tenho respondido, repetidamente, incessantemente, insistentemente, nos últimos 25 anos da minha vida – ao vivo e através de dezenas de livros escritos. A resposta é tão simples quanto dura: "A gente muda o que está ensinando e a forma de ensinar. Muda tudo!"

O Brasil tem sido repetidamente reprovado em testes internacionais de leitura e escrita. Os resultados das

*Guia de acentuação e pontuação em português brasileiro*

avaliações internas demonstram um aprendizado pífio se comparado com o montante de dinheiro gasto em educação no país, dinheiro que, aliás, não chega aos salários dos professores e, muitas vezes, some pelos meandros da burocracia e da corrupção. Os alunos que aprendem e se destacam, o fazem por influência familiar ou por excepcionais aptidões inatas. A escola, por mais que os professores sofram e se esforcem, não está dando conta de ensinar a escrita e a leitura, ou seja, o básico do fundamental. A alfabetização ocorre de forma equivocada na maior parte do país. A leitura é relegada a um segundo ou terceiro plano. A má escrita é tratada com uma complacência muito inapropriada. Os resultados não poderiam ser diferentes.

É necessária uma reestruturação profunda dos currículos e dos métodos. Coisas simples e básicas como entender o tipo de alfabeto que usamos e a correta sequenciação de conteúdos fundamentais (como o ensino da escrita) estão em um estado de confusão que merecem um drástico "para-e-começa-tudo-de-novo!". É disso que precisamos. E é por isso que insisto em escrever livros como este.

Minha esperança é que uma nova geração de docentes tenha – em breve! – a força necessária para, mais bem informados e mais conscientes de seu dever transformador da nação, instalar a "revolução" necessária. E que assim seja.

# Referências

BRASIL. *Constituição de 1988*. Brasília: Senado Federal, Subsecretaria de Edições Técnicas, 1988.

CARVALHO, R. S. de; FERRAREZI JR., C. *Produzir textos na educação básica*: o que saber, como fazer. São Paulo: Parábola, 2015.

FERRAREZI JR., C. *Introdução à Semântica de contextos e cenários*: de la langue à la vie. Campinas: Mercado de Letras, 2010.

_____. *Guia do trabalho científico*: do projeto à redação final (monografia, dissertação e tese). São Paulo: Contexto, 2011.

_____. *Sintaxe para a educação básica*. São Paulo: Contexto, 2012.

_____; TELES, I. M. *Gramática do brasileiro*: uma nova forma de entender nossa língua. São Paulo: Globo, 2008.

VOLP – Vocabulário Ortográfico da Língua Portuguesa. Academia Brasileira de Letras. 5. ed. São Paulo: Global, 2009.

# O autor

**Celso Ferrarezi Junior** é professor titular de Semântica na Universidade Federal de Alfenas (Unifal-MG). Trabalha, principalmente, com semânticas de vertente cultural, tendo idealizado a Semântica de Contextos e Cenários, base teórica de seu trabalho atual. Coordena o Grupo de Pesquisas Linguísticas Descritivas, Teóricas e Aplicadas na Unifal. É consultor nas áreas de Linguagem e Educação de diversas instituições governamentais e privadas nacionais e internacionais. Tem diversos livros e textos científicos publicados no Brasil e no exterior. Pela Contexto, publicou *Sintaxe para a educação básica*, *Guia do trabalho científico: do projeto à redação final* e *O estudo dos verbos na educação básica*, além de ser um dos organizadores de *Semântica, semânticas* e de *Sociolinguística, sociolinguísticas*.

**GRÁFICA PAYM**
Tel. [11] 4392-3344
paym@graficapaym.com.br